Dirk Fiebelkorn

Mit meinem Sohn durch die Kita-Zeit

Wie du ihn verständnisvoll begleitest und liebevoll unterstützt

humboldt

INHALT

Typisch Junge?

Innere und äußere Kämpfe

WARUM EIN JUNGSBUCH?

Warum ein Erziehungsratgeber nur für Jungs? Warum brauchen wir einen speziellen Blick auf Jungen? Gerade in Zeiten von Gender, in denen wir erkannt haben, dass feste Geschlechterrollen niemandem guttun? Und vor allem: Was hast du als Mutter oder Vater von Jungenpädagogik?

Oft merken wir nicht, dass wir Jungs nur aufgrund ihres biologischen Geschlechtes auf bestimmte Weise behandeln. In unserer Gesellschaft gibt es immer noch sehr viele Denkmuster, Erwartungen und Strukturen, die der Entwicklung von Jungen (und Mädchen) schaden.

Der besondere Blick und die spezielle Arbeit mit Jungen haben nicht den Grund, dass wir diese anders als Mädchen erziehen wollen. Das würde alte Rollenbilder zementieren, die wir ja hinter uns lassen wollen. Wer will schon das Alte von gestern haben, wenn es heute neue Erkenntnisse in Sachen Kindererziehung gibt, die dich viel besser in deinem Familienalltag unterstützen?

GUT ZU WISSEN: WAS IST GENDER? WAS IST JUNGENPÄDAGOGIK?

„Gender“ ist das Fachwort für das soziale Geschlecht. Anders als das biologische Geschlecht entsteht Gender durch die Vorstellungen und Erwartungen der Gesellschaft, in der ein Mensch lebt. Diese Erkenntnis ist noch gar nicht so alt: Erst in den 1970ern haben Forschende der Sozialwissenschaften diese Unterscheidung das erste Mal vorgenommen. Davor (und auch noch lange darüber hinaus) ist man davon ausgegangen: Wie Frauen und Männer sind, das ist biologisch festgelegt. Dass das Menschen (und somit auch unsere Kinder) einengt, unglücklich macht und zu Diskriminierung und Konflikten führt, ist für uns heute klare Sache.

Heute gibt es die Genderpädagogik – die hat zum Ziel, Kindern und Jugendlichen dabei zu helfen, ihre Geschlechtsidentität frei zu entwickeln, jenseits der alten Klischees. Jungs und Mädchen sind unterschiedlich von veralteten Rollenvorstellungen betroffen. Aus diesem Gedanken sind die Jungenpädagogik und die Mädchenpädagogik als Teile der Genderpädagogik entstanden. Die Jungenpädagogik unterstützt Jungen zum Beispiel dabei, ihre Gefühle auszudrücken, positive Beziehungen zu anderen aufzubauen, ihre Konfliktlösungsfähigkeiten zu verbessern und ihre sozialen und emotionalen Kompetenzen zu stärken. Sie behandelt außerdem Themen wie Gewaltprävention, Aggressionsbewältigung und die Förderung von Gleichberechtigung und Respekt.

Zwei Beispiele, warum ein besonderer Blick auf Jungen so wichtig ist – und was ich dir aus jungenpädagogischer Sicht in diesen Fällen rate:

Fußball ist sein Ding, oder doch nicht?

Nehmen wir mal an, dein Sohn würde sich nicht für Fußball interessieren. Er hat vielleicht andere Interessen. Allerdings spielen alle seine Freunde Fußball. Alle Jungen machen das, denkt dein Sohn. Deshalb könnte er daran zweifeln, ein „echter Junge“ zu sein. Vielleicht zwingt er sich dann, Fußball zu spielen und macht sich vor, das zu mögen. Vielleicht denkt er, er sei falsch und versucht, sich zu „berichtigen“ und verliert dadurch den Kontakt zu seinen Gefühlen. Das wäre eine sehr ungesunde Entwicklung, in der er sich nicht entfalten und er selbst sein kann.

Du kannst ihn dabei unterstützen, dass er sein Leben so individuell und einzigartig gestalten kann, wie er will. Dabei darf er sich als Junge fühlen, egal was er denkt und macht. Begleite ihn auch dabei, wie er darauf antworten könnte, wenn jemand ihn anders haben will, damit er in irgendein falsches Jungenbild passt. Zeige ihm, dass er nicht die Erwartungen von anderen erfüllen muss. Er wird dadurch eine große innere Stärke entwickeln.

FÜR DIE EIGENE MEINUNG EINSTEHEN – DAS KANN DEIN KIND SAGEN

„Ich möchte das so machen. Das fühlt sich für mich richtig an."

„Das glaube ich nicht. Das habe ich anders gelernt."

„Warum sollte das oft mit meiner Mama/meinem Papa gemacht. Das ist super."

Jungs sind stark – und dürfen weinen, oder?

Zum Glück vermitteln wir Jungs heute, dass sie weinen dürfen. Das war mal anders. Da hieß es noch: Jungen weinen nicht. Auch wenn wir das unseren Söhnen heute nicht mehr sagen, ist es in unserer Gesellschaft manchmal etwas Besonderes, wenn ein Junge weint. Einer der Gründe ist, dass Väter immer noch viel seltener weinen als Mütter. Dein Sohn bekommt darüber möglicherweise den Eindruck, dass Männer und damit Jungen nicht weinen oder nicht schwach sein dürfen. Eventuell ist es schwer für deinen Jungen, okay damit zu sein, Schwäche auszuleben. Es ist aber wichtig für ihn, dass er die ausleben darf. Denn: Schwach sein ist ein Teil von ihm, so wie es ein Teil von jeder und jedem von uns ist.

Zeige ihm, dass es gut ist zu weinen und zu erkennen, wenn wir schwach sind. Niemand ist immer stark oder immer schwach. Nur wenn wir schwache Momente haben, können wir auch mal stark sein. Wenn du ihm zeigst, dass das alles ein guter und wichtiger Teil von ihm ist, dann wird er dadurch wirklich stark.

Die Jungenpädagogik möchte dich bei der Erziehung deines Sohnes unterstützen. Dieses Buch ist eine Mischung aus dieser unterstützenden Jungenpädagogik und meinen Erfahrungen, die ich über die Jahre in der Arbeit mit Jungen und als Vater gemacht habe. So ist alles, was du hier findest, dafür gedacht, dich und deinen Sohn in eurem Alltag weiterzubringen. Du wirst vieles lesen, was für dich und deinen Sohn gilt, aber auch einiges, was geschlechtsunspezifisch ist. Ich wünsche dir viel Spaß beim Lesen und dass dieses Buch die Beziehung zwischen dir und deinem Sohn bereichert.

Los gehts!

Wie aktuelle pädagogische Trends deinen Familienalltag bereichern

In der Pädagogik und Erziehung gibt es immer wieder Ideen und Themen, die in Mode sind. Vor einiger Zeit waren es die „Resilienz“ und die „Achtsamkeit“, heute sind es Wörter wie „bedürfnisorientiert“ oder „Adultismus“. Auch wenn diese Begriffe und Ideen über eine bestimmte Zeit gehypt werden und dann wieder aus dem Interesse der breiten Öffentlichkeit verschwinden, sind sie doch alle weiterhin wichtig und aktuell. Denn in diesen Trends stecken Erkenntnisse, die deinen Alltag mit deinem Sohn enorm verbessern können. Auch heute geht es in der Erziehung unserer Kinder darum, selbst resilient zu sein und auch resiliente Kinder zu erziehen. Auch der Adultismus wird wohl leider noch länger ein Thema sein und eine Erziehung, die irgendwann nicht mehr bedürfnisorientiert sein wird, kann ich mir gar nicht vorstellen.

Ich möchte dich kurz durch diese Ideen und Erziehungsstile führen, dir meine Meinung und Erfahrung anbieten und dir zeigen, wie du sie auch leben kannst. Denn blanke Theorie hilft dir nicht weiter. Ich möchte, dass du die Begriffe und die Ideen dahinter nutzen kannst, um dein Leben und das deines Kindes positiv zu gestalten.

Bedürfnisorientierte Erziehung

Die bedürfnisorientierte Erziehung oder Pädagogik ist, meiner Meinung nach, die einzige Erziehung, die Sinn ergibt. Sie ist sicher nicht nur ein Trend, der irgendwann wieder verschwindet. Hinter ihr steckt die Erkenntnis, dass wir unsere Kinder gar nicht erziehen können, ohne uns an ihren und auch unseren Bedürfnissen zu orientieren. Ja, du liest richtig: Deine eigenen Bedürfnisse als Mutter oder Vater sind genauso wichtig. Aber beginnen wir mal von vorn.

Was bedeutet bedürfnisorientiert für dein Familienleben?
Bedürfnisorientiert bedeutet, dass du die Bedürfnisse deines Kindes wahrnimmst. Außerdem erkennst du, dass auch das Verhalten und die Gründe für die Entscheidungen deines Kindes aus dessen Bedürfnissen resultieren. Wenn es zum Beispiel von zu vielem, was es sieht oder hört, überreizt ist, dann hat es das Bedürfnis nach Ruhe. Wenn es an dir klammert, hat es vielleicht das Bedürfnis nach Sicherheit.

Was bedeutet bedürfnisorientiert nicht?
Es bedeutet nicht lustorientiert oder wunschorientiert. Es geht also nicht darum, deinem Kind alle Wünsche zu erfüllen oder ihm immer das zu geben, was es will. Vielmehr geht es darum, deinem Kind das zu geben, was es braucht. Denn was es braucht und was es will sind zwei verschiedene Dinge. Es kann beispielsweise nach einer Phase mit viel Ablenkung Langeweile empfinden. Es hat den Wunsch nach weiterer Ablenkung, braucht aber eigentlich Ruhe und die Möglichkeit, zu sich zu finden. Oder es ist total wütend und hilflos. Es beschimpft dich und es sieht aus, als würde es sich gerade von dir abgrenzen wollen. Aber eigentlich braucht es jetzt deine Sicherheit und Aufmerksamkeit.

So wie dein Kind Bedürfnisse hat, so hast du natürlich auch welche. Manchmal passen die gut zusammen und manchmal einfach gar nicht. Hier heißt es dann, immer wieder abwägen und aushandeln, wie ihr gemeinsam eine Situation schafft, mit der möglichst alle zufrieden sind. Das schafft ihr natürlich nicht immer. Aber genau darum geht es ja im Alltag. Du versuchst, Wege zu finden, die dich und deine Familie möglichst gut weiterbringen.

TIPPS FÜR DEINEN BEDÜRFNISORIENTIERTEN ALLTAG

Versuche immer, deine Bedürfnisse und die deines Kindes zu erkennen:

1. Frage dich, wie du dich in der Situation fühlen und was du gerne machen würdest.
2. Dann denke an ähnliche Situationen, in denen dein Sohn dir rückgemeldet hat, wie es ihm damit geht und was jetzt sein Wunsch wäre.
3. Suche dann deine Bedürfnisse und Wünsche und vergleiche sie mit denen deines Sohnes.
4. Suche nach einer Möglichkeit, sie in Einklang zu bringen oder eine Situation zu schaffen, in der es möglichst allen gut geht und sie ihre Bedürfnisse ausleben können.

Beispiele: Er möchte Musik hören und du willst Ruhe? Biete ihm Kopfhörer an. Er möchte ein bisschen Bewegung und du möchtest Sport? Geh raus zum Joggen und nimm ihn mit. Er kann (je nach Alter) auf dem Fahrrad mitfahren oder im Wagen geschoben werden. Du kannst auch mit ihm auf den Spielplatz gehen, wo er spielt und du Übungen machst.
Sei nicht zu perfektionistisch und akzeptiere, wenn es mal nicht funktioniert. Auch oder gerade dann, wenn es dich so richtig nervt, versuche, dich etwas zu entspannen. Je nachdem, was dir besser hilft, denke dir: „Da gab es schon schlimmere Situationen." Oder: „Was kann jetzt schlimmstenfalls passieren?"

Resilienz

Resilienz war das Modewort der letzten Jahre. Nach einem großen Hype ging das allgemeine Interesse wieder zurück. Dabei ist Resilienz auch heute noch hochaktuell. Resilienz bedeutet nämlich Widerstandskraft – und wer kann die gerade nicht gebrauchen?

Resilienz meint nicht, dass alles Negative an einem abprallt, an einem Panzer, der unzerstörbar ist. Ein resilienter Mensch ist wie Bambus, der im Wind gebogen wird, anschließend aber wieder in seine Form zurückfindet. Es geht darum, an schlimmen Situationen nicht zu zerbrechen, sondern sie gut zu überstehen. Du kannst deine Resilienz und die deiner Kinder steigern. Es gibt sogenannte Resilienzfaktoren, die trainierbar sind. Ich zeige dir die acht bekanntesten und gebe dir konkrete Tipps, wie du diese selbst und mit deinem Sohn trainieren kannst.

1. Optimismus

Optimismus ist die Fähigkeit, das Positive zu sehen. Wir leben in einer Gesellschaft, die oft sehr negativ und pessimistisch ist. Der Gedanke dahinter ist, Probleme zu sehen und zu lösen. Da jedoch alles größer wird, was wir fokussieren, sollten wir möglichst oft auf die guten Dinge schauen. Wenn man in seinem Leben die Probleme in den Fokus rückt, dann wird das ganze Leben problematischer. Wer sich an positiven Dingen orientiert, dessen ganzes Leben wird auch positiver. Starten wir mit dem Training.

Was du für dich tun kannst

Schreibe ein Tagebuch über die Dinge, die heute gut gelaufen sind, die du geschafft hast oder bei denen du glücklich warst. Das kannst du entweder über ganze Seiten machen, oder du notierst dir jeden Abend drei Stichwörter. Du wirst sehen, dass sich dein Blick ändert.

Wie du deinen Sohn unterstützt

Frage deinen Sohn abends im Bett, warum sich der heutige Tag gelohnt hat, was er heute geschafft hat. Unterstütze ihn dabei, das zu erkennen. Oft können die Kinder in dem Alter noch nicht sehen, was eigentlich eine tolle Leistung oder eine schöne Erfahrung war. Frage ihn einfach danach.

2. Akzeptanz

Bei der Akzeptanz geht es nicht darum, etwas gut zu finden, wie es ist. Wenn ich eine Situation akzeptiere, sehe ich sie ganz genau so, wie sie ist – ohne Wertung. Erst dann kann ich sie ändern. Denn etwas ändern zu wollen, ist eine Entscheidung. Jedoch kann ich keine Entscheidung treffen, wenn ich innerlich im Widerstand bin und nicht wahrhaben will, wie die Situation jetzt ist.

Ein Beispiel: Du wolltest gerade mit deinem Sohn zu einem Termin. Plötzlich schießt er quer und will nicht mit. Er scheint irgendetwas zu haben, von dem du recht schnell erkennst, dass ihr das jetzt lösen müsst und den Termin nicht mehr wahrnehmen könnt. Oft sind wir in solchen Situationen im Widerstand und wollen sie nicht akzeptieren. Und das ist auch okay. Akzeptanz fällt manchmal echt schwer. Doch erst wenn du die Situation akzeptiert hast, kannst du kurz telefonieren, den Termin verschieben und dann deinen Sohn unterstützen.

Was du für dich tun kannst

Versuche, möglichst früh Situationen zu erkennen, in denen etwas Unvorhergesehenes passieren könnte, was du nicht akzeptieren kannst. Es ist ganz normal, dass diese Situationen kommen und es ist genauso normal, dass du Zeit brauchst, diese dann zu akzeptieren. Das Wichtigste ist: Fang einfach an. Mit jedem Mal wird es leichter. Du wirst täglich viele Situationen haben, in denen du dich sehr schnell umorientierst und sie damit einfacher für dich werden. Nimm dir Zeit für diese Situationen, auch wenn du denkst, dass du sie gerade nicht hast. Beobachte dich und deine Gefühle dabei. Der Beobachtungsmodus allein wird dich schon entspannen.

Wie du deinen Sohn unterstützt

Du weißt jetzt, wie es geht. Versuche aber nicht, deinem Sohn zu erklären, was er tun soll, um seine Situation zu akzeptieren. Vielleicht hattest du beim Lesen eben Widerstände. Vielleicht hast du gedacht: „Na, dieser Dirk stellt sich das ja sehr leicht vor ..." Wenn du diese Situationen selbst schon als so schwer lösbar wahrnimmst, wird sie dein Sohn noch viel extremer empfinden.

AKZEPTANZ TRAINIEREN – DAS KANNST DU DEINEM SOHN SAGEN

Mein Tipp für herausfordernde Situationen: Begleiten und Fragen stellen. Davor holst du ihn erst mal ab mit einem „Oh man ... das is' echt blöd. Ganz schön schwer, wie man das jetzt löst ..." oder „Boah ... das ist ein großes Problem ... ich finde das ganz schön bemerkenswert, dass du da nicht gleich aufgibst, sondern an eine Lösung glaubst ..." Anschließend kannst du ihn unterstützen: „Wollen wir das zusammen machen?" Wenn du eine Idee hast, wie er sein Problem lösen kann, dann ist es manchmal schlauer, diese als Frage zu formulieren: „Könntest du nicht das oder das machen?" oder „Was wäre denn, wenn du das so machst?" Er hat damit das Gefühl von Selbstwirksamkeit und fühlt sich als Macher.

3. Lösungsorientierung

Hat dir schon mal jemand gesagt, dass du in Lösungen denken sollst, nicht in Problemen? Vielleicht findest du den Satz auch so blöd wie ich. Vor allem, wenn er von Personen kommt, die selbst sehr viele Probleme zu haben scheinen. Andererseits ist da schon etwas Wahres dran: Wenn wir immer nur die Probleme sehen und uns auf diese konzentrieren, dann fällt es uns schwerer, in den Lösungsmodus zu kommen. Du kannst dir sicher denken, dass hier die Akzeptanz auch wieder eine Rolle spielt.

Was du für dich tun kannst

Mein wichtigster Tipp ist: Gönn dir einen Moment vor der Lösungsorientierung. Viele glauben, sie müssten sich dazu zwingen, direkt in Lösungen zu denken. Wenn du dich aber dazu zwingst, dann bist du im inneren Widerstand und alles wird anstrengender. Akzeptiere, wenn du erst mal nur das Problem siehst. Du darfst etwas erst mal einfach nur „scheiße" finden. Je schneller du das durchlebst, desto schneller kommst du an den Punkt, an dem du die Situation akzeptierst und dir sagst: „So, jetzt war ich genug sauer. Jetzt schaue ich mal, wie ich das lösen kann." Je öfter du diesen Prozess durchmachst, desto schneller wirst du da durchgehen.

Wie du deinen Sohn unterstützt

Deinen Sohn kannst du unterstützen, indem du ihm hilfst, seine gelösten Probleme zu sehen. „Wow, super gelöst das Problem!" oder „Hey, das hast du ja gut gelöst!" Wichtig ist, kein Lob von oben, sondern Bewunderung von der Seite zu geben. Je öfter er sieht, dass er ein „Problemlöser" ist, desto selbstsicherer wird er bei zukünftigen Problemen die Lösung suchen.

Ihr könnt übrigens auch versuchen, euch ein Ritual zu basteln. Immer wenn ein Problem kommt, könnt ihr sagen: „Aha, ein Problem!" Anschließend könnt ihr fragen: „Wo ist die Lösung?" Fangt dabei mit kleineren Problemen an, damit ihr besser in Schwung kommt.

4. Verlassen der Opferrolle

„Die Welt schuldet mir was", „Mein Leben ist einfach ungerecht" oder „Immer trifft es mich". Ja, wir fallen alle ab und zu mal in die Opferrolle. Das war als Kind ja auch schön. Da haben uns Mama oder Papa gleich geholfen. Leider hilft die Opferrolle irgendwann nicht mehr. Bei dir schon lange nicht mehr und auch bei deinem Sohn wird es jetzt Zeit, dass er da rauskommt. Bevor du aber versuchst, ihn „abzuhärten" oder ihm zeigst, wie hart die Realität sein kann, probiere lieber etwas aus, was seiner Entwicklung nicht schadet, sondern diese unterstützt.

Was du für dich tun kannst
Mach das Folgende nur, wenn du ab und zu in die Opferrolle gehst. Wenn du kein Problem mit der Opferrolle hast, dann überspringe diesen Abschnitt einfach.

Erinnere dich an eine Situation, in der du in die Opferrolle gegangen bist. Frage dich, was dein Vorteil in dieser Rolle ist. Dabei ist wichtig, dass du keine logischen Begründungen in deinem Kopf suchst. Gehe dafür gern mal auf deine Gefühlsebene. Wie fühlst du dich in dieser Opferrolle? Was bringt sie dir? Hoffnung? Sicherheit? Dann schaue nochmal genauer hin. Vielleicht erkennst du, dass du das alles gar nicht mehr in dieser Rolle findest. Überlege doch mal, wo du das jetzt findest. In welche Rolle kannst du wechseln, in der du jetzt viel lieber wärst? Spiele gern ein bisschen mit deinen Gedanken. So können sich alte Ideen und Mechanismen auflösen und du kannst dein Leben selbst neugestalten.

Wie du deinen Sohn unterstützt
Wenn er mal in die Opferrolle gehen sollte, dann kannst du ihn kurz abholen: „Oh ja, das ist echt blöd." Anschließend gehst du direkt in die Aktion und fragst ihn: „Wie kommen wir denn da wieder raus? Hast du eine Idee, was wir jetzt machen können?" Damit unterstützt du ihn, aus der Opferrolle in die Akzeptanz und dann in die Aktion zu gehen.

5. Netzwerk

Mit Netzwerk ist die Verbindung zu anderen Menschen gemeint. Deine Familienmitglieder, Kolleginnen oder Kollegen, deine Freunde oder Gleichgesinnte in Hobby oder Sport – alle tragen zu deinem

Netzwerk bei. Der Austausch mit ihnen gibt dir neue Sichtweisen, Möglichkeiten und manchmal auch Unterstützung. Das alles macht deinen Familienalltag lockerer.

Was du für dich tun kannst

Wenn dir dieser Austausch fehlt, probiere einen Gruppensport aus oder lade ein paar Menschen zu einem thematischen Treffen ein. Dabei kann es um die Gestaltung eines kleinen Dorffestes oder einen Brettspielenachmittag gehen. Mit Themen hast du immer einen Grund für eine Einladung. Wenn du gerade erst wieder ein Netzwerk aufbauen willst, dann sei am Anfang noch nicht so wählerisch. Wichtig ist erst mal, dass du in den Austausch kommst.

Wenn du dich viel mit anderen Eltern triffst, dann suche dir ab und zu noch andere Verbindungen, bei denen es nicht nur um Kinder geht. So hast du ein bisschen Abwechslung. Das tut dir gut.

Wie du deinen Sohn unterstützt

Die Tipps für dich helfen genauso bei deinem Sohn, wenn auch in abgewandelter Form und seinem Alter entsprechend. Auch er entwickelt sich anders, wenn er Gleichaltrige zum Spielen hat. Er wird sich mit seinen Spielfreundschaften aufgrund seines Alters und seiner Entwicklung noch nicht austauschen. Seine Fähigkeit zur Empathie ist ja noch in der Entwicklung. Es kann ihm aber guttun, wenn er schon früh den Austausch gewohnt ist.

6. Positive Zukunftsplanung

Die Welt ist oft schöner, wenn man etwas Schönes vorhat. Für dich kann das ein Treffen mit Freunden am Wochenende sein, eine neue Lieblingsserie, die heute Abend startet oder der Urlaub in ein paar Monaten. Tatsache ist: Wer positiv in die Zukunft plant, erhöht seine Widerstandsfähigkeit. Das gilt in dem Fall besonders für dich. Für deinen Sohn eher weniger, denn er kann noch nicht so weit in die Zukunft planen. In den kommenden Jahren nimmt dies aber zu. Warum das also nicht schon jetzt im Hinterkopf haben?

Was du für dich tun kannst
Suche dir ein paar Termine raus. Organisiere dir ein paar schöne Abende, vielleicht mit Freunden oder deinem Partner oder deiner Partnerin. Mit deinem Kind fällt dir das vielleicht nicht so leicht. Natürlich kannst du dir auch gerne Termine mit deiner Familie organisieren. Das könnte ein Spaziergang im Park oder Bummeln in der Stadt sein, ein Tag im Schwimmbad, ein Fernsehabend am Wochenende oder auch der nächste Urlaub.

Wie du deinen Sohn unterstützt
Dein Sohn kann und muss noch nicht so sehr in die Zukunft planen. Es hat aber schon einen großen Effekt auf ihn, wenn du ihn abends im Bett fragst, was er am nächsten Tag machen möchte.

7. Selbstreflexion

Auch die Selbstreflexion unterstützt deine Resilienz und die deines Sohnes. Im Austausch mit ihm empfiehlt es sich daher, öfter einfach mal Fragen zu stellen und sich dafür zu interessieren, wie er Dinge oder Situationen sieht. Wenn du ihn abends im Bett fragst, warum er heute Nachmittag sein Problem auf eben diese Weise gelöst hat, dann kann er gleichzeitig selbst reflektieren. Oft erkennt er erst dadurch, was er da getan hat und wie genial das eigentlich war. Das hilft ihm, Dinge zu verstehen, die er allein gar nicht sieht.

Natürlich ist es auch für dich als Mama oder Papa wichtig, dich zu reflektieren. Pass aber auf, dass du es nicht übertreibst und dass du es möglichst positiv gestaltest.

Was du für dich tun kannst

Wir Erwachsenen reflektieren in der Regel schon ziemlich viel. Dass du diesen Ratgeber liest, zeigt auf jeden Fall, dass du ein sich selbst reflektierender Mensch bist. Viele Erwachsene machen jedoch eines zu wenig: Sie reflektieren zu wenig ihre Gefühle. Reflektiere gern und immer, was du denkst. Schau aber besonders bei deinen Gefühlen genauer hin. Manchmal kommen uns diese irrational vor. Doch denke daran: Jedes Gefühl hat einen Grund, einen Ursprung. Manchmal lohnt es sich, das Ganze genauer zu betrachten.

Wie du deinen Sohn unterstützt

Auch hier kannst du wieder ganz viel mit Fragen erreichen. Natürlich nur bis zu dem Punkt, an dem er das noch gut findet. Sobald du merkst, dass er keine Lust mehr auf die Fragen hat, frage ihn lieber ein anderes Mal. Er baut sonst einen inneren Widerstand auf.

UNTERSTÜTZUNG BEI DER SELBSTREFLEXION – DIESE FRAGEN KANNST DU DEINEM SOHN GEBEN

„Wie fühle ich mich? (wütend, traurig, lustlos, genervt ...)"

„Wo im Körper spüre ich das Gefühl? (in der Brust, dem Bauch, dem Kopf ...)"

„Wie fühlt sich das Gefühl im Körper an? (Es drückt, es fließt, es sticht, es springt die ganze Zeit ...)"

Mit diesen Fragen bringst du deinem Sohn bei, seine Gefühle konkreter zu benennen. Das hilft ihm sehr bei seiner Analyse. Das Suchen des Gefühls im Körper hilft ihm dabei, die Gefühle stärker zu fühlen, zu benennen und klarer zu differenzieren. Er lernt dadurch, seine Gefühle besser zu verstehen und sich selbst zu regulieren.

8. Achtsamkeit

Die Achtsamkeit holt dich ins Hier und Jetzt. Wer immer in der Zukunft oder Vergangenheit lebt, der lebt gar nicht richtig. Wenn du im Hier und Jetzt bist und deine Sinne aktivierst, dann lädt das deinen Akku auf. Gerade mit unseren Kindern können wir solche Momente erleben. Achte mal darauf, mit welchen Sinnen du eine Situation erlebst und achtsam wirst: die Ameise am Wegesrand beim Waldspaziergang, der Geruch der salzigen Luft am Meer oder die Geräusche der verschiedenen Autos an eurem Fenster? Alles wird mit Kindern zum Erlebnis und holt dich in die Achtsamkeit, wenn du den Moment voll erlebst.

Was du für dich tun kannst

Wie ich schon angedeutet habe, kannst du super mit deinem Kind die Welt neu entdecken. Wenn du ab und zu durch seine Augen schaust, dann wirst du Neues entdecken. Das macht dich achtsam.

Nimm dir aber auch Zeit für dich. Ein paar Minuten reichen schon. Leg dein Handy weg, setz dich entspannt auf einen gemütlichen Platz und schaue aus dem Fenster. Jetzt kannst du dich nach und nach auf deine Sinne konzentrieren. Was siehst du? Was hörst du? Was fühlst du? Riechst oder schmeckst du etwas?

Wie du deinen Sohn unterstützt

Kinder im Kita-Alter sind schon sehr achtsam. Stelle sicher, dass er sich immer wieder Zeit nehmen darf, Dinge zu entdecken. Du kannst auch versuchen rauszufinden, welche Sinne ihn mehr in die Achtsamkeit holen und welche weniger. Wann ist er sehr im Moment?

Adultismus

In unserer Gesellschaft wiegt die Meinung von Kindern oft nicht so viel wie die von Erwachsenen. Auch die Ideen von Kindern werden weniger ernst genommen. Manchmal geht es sogar so weit, dass Kinder schlichtweg ignoriert werden. Oft ist die Begründung, sie wüssten noch nicht, wie das Leben funktioniere oder seien noch zu jung, um Situationen zu verstehen. Diesen Machtunterschied und die daraus entstehende Diskriminierung von Kindern aufgrund ihres geringen Alters nennt man Adultismus.

Manchmal ist es tatsächlich so, dass Kinder Situationen noch nicht so gut verstehen wie Erwachsene. Manchmal können sie das volle Ausmaß von Entscheidungen, die getroffen werden müssen, noch nicht überblicken. Erwachsene haben die Verantwortung für Kinder. Aber wann hört das Entscheiden über Kinder auf und wo fängt es an? Wir entscheiden, was und wie viel Kinder essen, wann sie schlafen sollen oder wie sie sich kleiden dürfen. Versteh mich nicht falsch: Gerade bei diesen Themen gibt es immer wieder Situationen, in denen kleine Kinder keine guten Entscheidungen treffen werden: zu viel Süßes, zu lange aufbleiben, wenn sie morgens früh aufstehen sollen oder Kleidung, die überhaupt nicht zum Wetter passt.

Erwachsene nutzen jedoch viel zu schnell ihre Macht aus, um über die Köpfe von Kindern hinweg Entscheidungen zu treffen. Es geht nicht darum, dass dein Sohn alles allein entscheidet. Es geht vielmehr darum, dass du erkennst, wann du ihn mit deinen Entscheidungen unterstützt und wann du diese Entscheidungen nur triffst, weil es für die Situation einfacher erscheint. Es geht darum, wie leichtfertig und selbstverständlich du diese Entscheidungen für ihn triffst. Wir rechtfertigen uns oft damit, dass es ja unsere Kinder sind. Doch diese Menschen gehören uns nicht. Wir begleiten sie, weil wir sie lieben und sie unsere Hilfe brauchen. Was sie aber nicht brauchen, ist jemand, der grundlos viel zu viel Macht über sie hat und diese immer wieder ausnutzt.

Wenn du also dein Kind unterstützen und begleiten möchtest, dann triff gern Entscheidungen für dein Kind. Sei dir aber immer bewusst, dass du das nicht zu leichtfertig und selbstverständlich tun solltest. Und in der Regel sollten es immer Entscheidungen im Sinne des Kindes sein.

TIPP: SO GESTALTEST DU EINEN GLEICHBERECHTIGTEN ALLTAG

Entscheidungen, die dein Sohn selbst treffen kann:

- Mit wem er spielen möchte.
- Mit wem er sein Spielzeug teilt.
- Was und wie viel er essen will. Er muss den Teller nicht leer essen. Noch besser ist, wenn er sich selbst auffüllt. (Ich gehe hier von der Situation aus, dass es grundsätzlich keine Probleme in seinem Essverhalten gibt.)

Entscheidungen, die du für deinen Sohn treffen kannst:

- Wenn er wegen Übermüdung aufgedreht ist, kannst du entscheiden, dass jetzt geschlafen wird.
- Wie viel und wann er Süßigkeiten essen darf.
- Wenn etwas zu gefährlich ist und er die Situation nicht abschätzen kann.

Fit für den Tag mit deinem Sohn

Im Familienalltag erlebst du oft schöne Dinge. Schon das gemeinsame Aufstehen und Frühstücken ist eine wahre Freude. Über den Tag verteilt warten immer wieder kleine und größere Wunder auf dich, bis du dann am Abend ins Bett fällst und mit deinem Sohn gemeinsam den Tag Revue passieren lässt. Mal ehrlich: Nicht jeder Tag läuft auf Wolke sieben ab. Überall lauern kleine Stressattacken, Enttäuschungen und Energiefresser. In diesem Kapitel möchte ich dir zeigen, wie du einige davon umgehen, andere einfach abblocken und wieder andere umlenken kannst.

Das Fundament für deinen Familienalltag

Bevor wir gemeinsam durch den Alltag mit deinem Jungen gehen, möchte ich dir noch etwas für deine Basis mitgeben. Hier sind drei Dinge, die das Fundament deines Familienalltags enorm stärken können.

Prävention

Mit Prävention verhindern wir blöde Situationen, bevor sie entstehen. Du kannst eigentlich gar nicht zu viel mit ihr arbeiten, denn sie ist etwas Großartiges und bringt so viel Wirksamkeit für dich in deine Erziehung. Prävention bedeutet so viel wie „zuvorkommen" oder „vorbeugen". Du bereitest dich also auf Situationen vor, die erst noch kommen. Du richtest das Spielzimmer deines Kindes so ein, dass du Verletzungen vorbeugst, oder du besprichst mit deinem Kind, was ihr gleich macht, damit es sich vorher schon mal auf die kommende Situation einstellen kann.

Wenn du dir also nervige und anstrengende Situationen ersparen möchtest, dann nimm dir vorher die Zeit und plane den Tag, den du mit deinem Sohn erleben möchtest. Dabei kannst du selbst entscheiden, ob du viel oder wenig Zeit investieren möchtest. Je mehr du planst, desto reibungsloser läuft dein Tag, vor allem, wenn du verschiedene Eventualitäten mit einplanst. Dann bist du nicht zu enttäuscht, wenn es doch nicht so wird wie geplant. Die Herausforderung ist natürlich, dass du vermutlich immer zu wenig Zeit hast und zum Pläneschmieden gar nicht kommst. Versuche trotzdem, dir einen kleinen Plan zu machen. Es lohnt sich.

Der Weg ist das Ziel

Hast du oft das Gefühl, dass der Alltag mit deinem Kind viele Störungen parat hält? Vielleicht bist du genervt, lässt dich triggern oder bist in einem inneren Widerstand, was dich immer wieder Energie kostet. Es geht gar nicht darum, diese Störungen zu bekämpfen oder wegzukriegen. Wichtig ist, wie du mit diesen Störungen lebst, wie du auf sie reagierst oder ob du sie überhaupt als Störung wahrnehmen musst.

Möglicherweise hast du ganz oft im Kopf, dass alles reibungslos laufen muss, damit es gut ist. Das kann eine sehr anstrengende Art sein, das Familienleben zu sehen. Diese Idee, dass es erst dann gut ist, wenn es gut ist, ist doch sehr frustrierend. Ich würde dir gerne eine andere Idee mitgeben: *Es ist dann gut, wenn es wird.*

Im Familienalltag geht es nicht darum, dass alles gut läuft und es möglichst wenig Probleme gibt. Es geht darum, wie wir vorankommen und dass wir morgen weiter sind, als wir gestern waren. Das ist das Leben und das ist auch Erziehung. Wenn bei dir und deinem Sohn also mal nicht alles gut ist oder ihr gerade nur Probleme zu haben scheint, dann hast du alles Recht der Welt, das blöd zu finden UND du darfst wissen, dass das Erziehung ist. Erfolg in der Erziehung ist nicht, wenn dein Kind macht, was du sagst, wenn euer Alltag immer super ist und wenn ihr nie streitet. Erfolg in der Erziehung ist, wenn dein Kind sich gut entwickelt und es auch dir dabei gut geht.

Rituale geben Sicherheit

Bist du eher der Gewohnheitsmensch oder liebst du die Abwechslung? Vielleicht magst du beides und es kommt auf die Situation an. Manchmal ist etwas Wiederkehrendes, sich Wiederholendes eine große Hilfe in unserem Familienalltag. So ist es mit Ritualen. Sie geben Sicherheit und einen Rhythmus. Und das können sie auch für dich und dein Kind tun. Dabei könnt ihr selbst entscheiden, wie ihr eure Rituale gestalten wollt. Habt ihr ein Ritual beim Aufstehen, beim Anziehen oder bei der Verabschiedung in der Kita? Fangt ihr immer gemeinsam mit dem Abendessen an? Habt ihr einen Tischspruch? Vielleicht habt ihr auch ein Ritual beim Zubettgehen. Lass deinen Sohn auch gern Rituale mitentwickeln.

Beispiele für solche Rituale findest du immer wieder in diesem Buch. Einige nutzt du bestimmt schon in deinem Alltag, andere inspirieren dich vielleicht, sie einmal auszuprobieren. Viel Spaß und Erfolg damit!

Und jetzt schnell in die Kita …
Oh, doch nicht

Es ist ein entspannter Morgen. Draußen wird es langsam hell und der Tag beginnt. Ihr habt euch angezogen, für den Tag fertiggemacht und etwas gefrühstückt. Bevor es in die Kita geht, ist noch etwas Zeit und so kann dein Sohn noch spielen und du organisierst schon mal deinen Tag. Vielleicht machst du dir eine To-do-Liste, bereitest dich auf die Arbeit vor oder du planst deinen Einkauf oder die Hausarbeit. Dann ist es Zeit zum Anziehen. Und wenn ihr gut durch den Verkehr kommt, seid ihr pünktlich zum Morgenkreis in der Kita. „Los gehts!“, denkst du dir. Und dann passiert es: Dein Sohn ist noch gar nicht fertig. Ganz im Gegenteil. Er will sich nicht anziehen, findet sein Lieblingsspielzeug nicht und überhaupt hat er heute gar keine Lust auf die Kita. Leider hast du keine Zeit, mit ihm zu diskutieren und Alternativen hast du auch keine. Er schaltet auf stur und du fragst dich, was du jetzt machen sollst. Du brauchst eine Lösung. Jetzt.

Was passiert hier?

Hier treffen zwei Welten aufeinander. Die eine Welt ist organisiert, durchgeplant und sieht einen planmäßigen Kita-Besuch vor. Die andere Welt scheint völlig irrational, total emotional gesteuert und sieht die Konsequenzen eines nicht stattfindenden Kita-Besuches nicht. Das passt jetzt so überhaupt nicht. Natürlich gibt es Gründe dafür, dass dein Sohn plötzlich nicht in die Kita will. Vielleicht hat ihn eine Erinnerung getriggert, eine schlechte Erfahrung aus der Kita, die er gerade wieder fühlt. Vielleicht hat er einfach bloß Lust, etwas anderes zu spielen oder er findet sein Lieblingsspielzeug nicht und hat Angst, dass es weg ist. Das muss für ihn natürlich sofort geklärt werden. Er könnte auch Schwierigkeiten mit dem für ihn plötzlichen Druck, jetzt zu funktionieren, haben. Was auch immer es ist, du solltest es herausfinden. Und da kommen wir zu Tipp 1.

Tipp 1: Das Problem erkennen

Das ist natürlich leichter gesagt als getan. Und oft haben wir in diesem Moment auch nicht die Zeit, das Problem herauszufinden. Da diese Situation in dieser oder ähnlicher Form vermutlich häufiger auftritt, wirst du irgendwann schnell Ideen bekommen, wo bei deinem Sohn gerade der Schuh drückt. Je mehr du das nachvollziehen kannst, desto schneller fallen dir Lösungen ein. Der Trick ist, das

Thema zu besprechen, wenn der Druck weg ist. Wenn du also die Möglichkeit hast, ihn zu der Situation später zu interviewen, dann nutze sie. Stelle die Fragen dabei ganz locker und versuche, ein Wir-Gefühl zu erzeugen. So fühlt er sich sicherer und öffnet sich deinen Fragen besser.

PROBLEME ERGRÜNDEN – DAS KANNST DU DEINEN SOHN FRAGEN

„Sag mal, heute Morgen, da hatten wir ganz schön Stress, oder? Was war denn da los?"

„Sag mal, warst du heute Morgen auch so gestresst?"

„Ich hatte echt Schwierigkeiten, an alles zu denken. Was fandest du heute Morgen besonders schwer?"

„Jetzt, wo ich dich aus der Kita abhole, ist alles viel entspannter. Da war es heute Morgen viel stressiger. Wie ging es dir denn da?"

Wichtig beim Stellen der Fragen ist, dass du keinen Druck aufbaust und er sich nicht angegriffen oder beschuldigt fühlt. Sobald er das empfindet, macht er zu und fängt an, sich zu verteidigen.

Tipp 2: Dein Stressfaktor

Vielleicht fragst du dich jetzt: „Na klar war ich gestresst – soll ich das jetzt abschalten?" Das erwartet niemand von dir. Ich glaube, jeder wäre in dieser Situation gestresst. Worum es in dieser Situation geht, ist, dass du dir einen kurzen Moment geben darfst. Es reichen schon ein paar Sekunden, um dich kurz zu sammeln und zu versuchen, etwas runterzufahren. Um dich dabei zu unterstützen, kannst du dir kurz überlegen, was das Schlimmste ist, das jetzt passieren könnte. In den allermeisten Fällen ist die Befürchtung schlimmer als das, was eintreten kann. Das kann dir helfen, etwas runterzufahren. Du kannst auch kurz eine Skalenabfrage machen. Dabei ist 0 „nichts Schlimmes passiert“ und 10 „die Welt geht unter“. Du wirst merken, dass du eher im unteren Bereich bist und du schon viele Neunen und Zehnen gemeistert hast. Diese Situation ist dann vielleicht doch eher eine Drei oder Vier. Auch hier gilt wieder: Probiere es aus. Einigen hilft es, anderen nicht.

Tipp 3: Bilder im Kopf

Von der Prävention und wie du damit deinen Alltag leichter machen kannst, habe ich auf Seite 24 geschrieben. Du gestaltest Situationen und Settings, bevor sie entstehen, und hast damit großen Einfluss auf ihren Verlauf. Für unsere Situation kann das auch ein großer Teil der Lösung sein. Wenn du also morgens zu einer bestimmten Zeit in die Kita aufbrechen willst, dann kannst du diesen Plan im Kopf deines Sohnes entstehen lassen. Du bietest ihm dafür Bilder für seine Situation an, kurz bevor sie entsteht. So kann er sich besser auf das einstellen, was kommt. Er ist dann weniger im Widerstand, da er sich mit dem, was passiert, vorher schon arrangieren kann.

BILDER IM KOPF ERZEUGEN – DAS KANNST DU DEINEN SOHN FRAGEN

„Weißt du schon, was du gleich in der Kita spielen möchtest?"

„Welches Spielzeug hast du dir für heute rausgesucht?"

„Wollen wir auf der Fahrt gleich wieder blaue Autos zählen?"

Tränenmeer beim Hinbringen in die Kita

Zugegeben, die Stimmung war im Auto schon etwas angespannt. Beim Aufstehen hast du sofort gemerkt, wie müde er heute Morgen ist. Das macht ihn gleich etwas quengeliger. Da müsst ihr jetzt irgendwie durch und bisher sah auch alles danach aus, dass er sich wieder fängt. Wenn er dann erst mal in der Kita ist und seine Spielfreunde sieht, läuft bestimmt alles besser. Und jetzt steht ihr da, am Gruppeneingang. Er guckt dich an und fängt an zu weinen.

Du beugst dich zu ihm runter und sagst ihm, dass doch alles gut ist. Es ist alles wie immer und er darf sich auf einen schönen Kita-Vormittag freuen. Du überlegst kurz, ob er krank oder heute nicht fit für die Kita ist. Das ist es aber nicht. Dann hättest du ihn einfach wieder mitgenommen. Du merkst, es ist nur dieser eine Moment, in dem es ihm nicht gut geht. Du bräuchtest noch etwas Zeit mit ihm, aber der Morgenkreis fängt gleich an. Und dann musst du schon raus sein aus der Kita.

Er beruhigt sich ein bisschen, als sein Gruppenerzieher ihn in Empfang nimmt und erzählt, was sie jetzt gleich vorhaben. Das findet er schon interessant. Er gibt dir noch einen Kuss, wenn auch mit immer noch verheulten Augen, und geht dann in den Gruppenraum. Du winkst ihm noch hinterher und dann geht auch schon die Tür zu. Beim Verlassen der Kita machst du dir Sorgen. War jetzt wirklich alles okay? Irgendwie fehlt dir ein richtiger Abschied, gerne ohne Tränen.

Was passiert hier?

Es gibt Situationen, in denen es deinem Kind nicht gut geht. Es ist krank oder fühlt sich sehr schlecht, was den Kita-Besuch angeht. In solchen Fällen solltest du das Kind wieder mitnehmen oder erst gar nicht in die Kita bringen.

Hier gehen wir mal von einer Situation aus, in der dein Kind noch etwas mehr Zeit beim Ankommen in der Kita gebraucht hätte. Oder es ist noch etwas müde und möchte sich noch nicht so richtig auf die Situation einstellen. Nicht nur dein Kind bräuchte hier mehr Zeit. Auch du hast Bilder im Kopf, in denen du dir einen schrecklichen Kita-Tag ausmalst und dir Vorwürfe machst, dein Kind einfach so zurückgelassen zu haben.

Hier kommen drei Tipps, die dir helfen, mit so einer Situation besser umzugehen.

Tipp 1: Kontrolliere deine Emotionen

Dein Kind ist gerade sehr emotional. Es braucht jemanden, der für es da ist und ihm Halt gibt. Natürlich hast auch du Emotionen. Am liebsten würdest du dein Kind direkt wieder mitnehmen. Vor allem würdest du gern auch in Tränen ausbrechen. Eigentlich bräuchtest du jetzt auch jemanden, der für dich da ist. In diesem Moment gibt es aber niemanden und du musst jetzt für dein Kind da sein. Das Schlimmste, was du jetzt machen kannst, ist, dich neben dein Kind zusetzen und mitzuweinen.

Versuche, für dein Kind stark zu sein. Dafür kannst du Folgendes machen:

Sage zum Beispiel mit klarer und ruhiger, aber nicht kalter, sondern herzlicher Stimme: „Alles ist gut. Du hast heute bestimmt einen schönen Tag, so wie gestern und letzte Woche.“

Nimm es in den Arm und gib ihm einen herzhaften Kuss. Zeige in den Gruppenraum und sag mit einem Lächeln: „Guck mal, die warten schon auf dich.“

Tipp 2: Sei im Austausch mit den Fachkräften

Bei allem, was passiert, tausche dich immer mit den Kita-Fachkräften aus. Wenn sie versuchen, die Situation zu unterstützen, dann ziehe mit ihnen an einem Strang. Du kannst auch vorlegen und Fragen stellen wie „Was habt ihr denn heute vor?“ oder „Wer kommt denn heute alles? Wer ist schon da?“ Ist die Kommunikation mit der Erzieherin oder dem Erzieher ruhig und entspannt, dann gestaltet ihr damit die Situation, ähnlich wie in Tipp 1.

Tipp 3: Nimm deine Bilder im Kopf richtig wahr

Alle Eltern kennen die Situation, wenn sie aus der Kita gehen und keinen richtigen Abschied hatten. Ihnen fehlt etwas. Das Bild ihres weinenden Kindes verfolgt sie manchmal noch Stunden. Oft ist es aber so, dass die Kinder nur ein paar Minuten brauchen, um sich auf die neue Situation einzustellen. Sie sind also kurz nach der Übergabe wieder oben auf und du machst dir unnötig Sorgen.

Erkundige dich beim Abholen bei den Betreuungskräften, wie sich dein Kind nach der Übergabe gefühlt und verhalten hat. Das gibt dir für das nächste Mal ein gutes Gefühl.

Wenn du es nicht aushältst, kannst du auch in der Kita anrufen und dir die Bestätigung geben lassen, dass alles okay ist. Auch hier solltest du mit den Fachkräften zusammenarbeiten. Höre, was sie dir raten.

Das kann auch mal sein, dass du dein Kind wieder mitnimmst oder es abholst.

Tränenmeer beim Abholen aus der Kita

Du freust dich. Du hast heute alles geschafft, was du dir vorgenommen hast. Jetzt möchtest du deinen Sohn aus der Kita abholen und bringst viel Zeit für ihn mit. Für das Mittagessen hast du auch schon alles besorgt, und so freust du dich auf ein paar schöne Stunden mit ihm. Beim Eintreten in die Kita überlegst du schon, wie er wohl seinen Vormittag verbracht hat. Mit wem hat er gespielt? Was hat er gespielt? Hat er heute etwas Neues entdeckt? Vielleicht hat er sogar wieder etwas für dich gebastelt. Gut, das sind Kinderbasteleien. Aber es geht ja eher darum, dass er an dich gedacht hat. Da siehst du ihn schon. Noch kannst du nicht erkennen, wie er gerade drauf ist. Da dreht er sich um. Er sieht dich und fängt sofort an zu weinen. Du kannst gar nicht verstehen, was er zu dir sagt. Die Kollegin aus der Kita erklärt, dass eben noch alles in Ordnung war. Und ihr Kollege erzählt, dass er eben noch so schön gespielt hat. Du verstehst die Welt nicht mehr. Warum weint er dann jetzt? Ist das deinetwegen? Findet er es blöd, dass du jetzt kommst? Solltest du dich jetzt zurückgewiesen fühlen? Irgendwie ist deine Stimmung jetzt auch runtergezogen und du fragst dich, wie du sie für euch beide wieder hochkriegst.

Was passiert hier?

Dein Sohn hat viele Dinge in der Kita erlebt. Das ist ganz schön anstrengend für ihn. Auch wenn Kinder in der Kita „nur spielen", ist das für sie genauso anstrengend wie ein typischer Büroalltag. Und ich meine nicht die entspannte Version, bei der man nur versucht, die Zeit weiterzudrehen. Dein Sohn musste viele Regeln befolgen. Er konnte sich also nicht aussuchen, wie sein Tag bis jetzt gelaufen ist. Das war alles sehr anstrengend für ihn.

In dem Moment, in dem du zur Tür hereinkommst, werden bei ihm möglicherweise verschiedene Gefühle ausgelöst. Er hat sofort erkannt, er hat jetzt Feierabend. Auch wenn er die Kita mag, freut er sich jetzt auf sein Zuhause und die Zeit mit dir. Ein weiterer Grund für seinen kleinen Zusammenbruch kannst du sein, aber im Positiven. Du bedeutest für ihn Sicherheit. Bei dir kann er sich fallenlassen. Und genau das hat er jetzt gemacht.

Du merkst also, es ist völlig okay, wenn er so kaputt beim Abholen ist. Hier ein paar Möglichkeiten, wie du darauf reagieren kannst.

Tipp 1: Einfach in den Arm nehmen

So einfach und doch so schwer. Keine Lösungsangebote, kein „Warum denn?“ und kein „Du musst doch nicht weinen“. Einfach in den Arm nehmen, drücken und ein kleines „Hallo, schön dich zu sehen“. Du darfst Ruhe und Zuversicht ausstrahlen und den Übergang von der spaßigen, aber anstrengenden Kita zu eurer gemeinsamen Nachmittagsgestaltung übernehmen.

Tipp 2: Ihn ein bisschen erzählen lassen

Natürlich solltest du auch keine Stunde in der Kita bleiben. Aber du kannst dir zeigen lassen, was er gebaut oder womit er gespielt hat. Du kannst ihm dafür verschiedene Fragen stellen.

DEN KITA-TAG ABSCHLIESSEN – DAS KANNST DU DEINEN SOHN FRAGEN

„Wie war dein Tag bis jetzt?"

„Was hast du erlebt?"

„Mit wem hast du gespielt?"

„Magst du mir das mal zeigen?"

„Wo hast du heute am meisten Zeit verbracht?"

„Wo hast du beim Frühstück gesessen?"

„Wollen wir jetzt los? Ich habe mir für heute Nachmittag etwas Tolles ausgedacht."

Tipp 3: Den Übergang schaffen

Wenn er es nicht schafft, aus dem Weinen rauszukommen und sich nicht beruhigen lässt, kannst du ihm den Übergang erleichtern. Dafür kannst du ihm auch wieder verschiedene Fragen stellen. Das Besondere bei diesen Fragen ist, dass du hier seine Kreativität ansprichst und er nicht nur auf Bilder in seinem Kopf reagiert, sondern sie entwickelt. Wenn er kreativ ist, kommt er raus aus den schlechten Gefühlen wie zum Beispiel Angst oder Traurigkeit.

ÜBERGÄNGE ERLEICHTERN - DAS KANNST DU DEINEN SOHN FRAGEN

„Hey, bist du traurig oder müde?"

„Sollen wir uns kurz hinsetzen?"

„Oh, hast du damit gerade gespielt? Zeig mir das doch mal."

„Hat das Spaß gemacht?"

Wie dein Sohn ein Helfer wird

Dein Sohn hat einen neuen Freund aus der Kita mitgebracht. Die Mutter des Freundes ist auch mitgekommen, um zu schauen, dass sich ihr Sohn beim ersten Besuch wohlfühlt. Während ihr mit ein bisschen Small Talk startet und klärt, wer woher kommt, wie die familiäre Situation aussieht und wie ihr die Kita findet, spielen die Jungs mit Bausteinen. Sie haben viel vor, wie ihr sehen könnt. Die höchsten Türme werden gebaut, natürlich mit Straßen, Parkmöglichkeiten und Stellplätzen für die Trecker. Die Trecker scheinen überhaupt sehr wichtig für die Türme zu sein. Ihr schmunzelt.

Nach der ganzen Anstrengung des Bauvorhabens gibt es erst mal eine kleine Stärkung. So werden die kleinen Turmbauer mit Saft und Keksen unterstützt. Jeder bekommt sein Glas und sein Schälchen Kekse. Als die Kekse leer sind, was irgendwie immer schneller läuft als erwartet, bringt der neue Freund das Schälchen in eure Küche. Du bist irritiert und erstaunt zugleich. Räumt der etwa ab? Die Mutter des neuen Freundes reagiert auf deine Irritation und erzählt: Seit einiger Zeit helfe ihr Sohn etwas im Haushalt. Bei dem Wort „hilft“ macht die Mutter schmunzelnd Anführungszeichen mit Zeige- und Mittelfinger. Sie erklärt, dass sie ihn ein bisschen mit in die Haushaltsarbeit einbeziehen möchte. Du bist ein bisschen verwirrt und überlegst, wie du das findest. Ist das nicht ein bisschen früh? Kann er das denn überhaupt schon? Hat man da nicht am Ende mehr Arbeit als ohne die „Hilfe“? Gucken wir uns das doch mal genauer an.

Was passiert hier?

Wie stark Kinder in die Hausarbeit miteinbezogen werden, ist von Gesellschaft zu Gesellschaft und Kultur zu Kultur unterschiedlich. In einigen Kulturen helfen die Kinder schon sehr früh mit. Manchmal ist das sogar nach Geschlechtern getrennt. Da hilft die Tochter beim Waschen, Essen oder Saubermachen und der Sohn im Garten und mäht den Rasen oder Ähnliches. Du merkst schon anhand der Beispiele: Das sind ältere Kinder. Ohne deinen Sohn zu kennen, gehe ich davon aus, dass er nicht allein den Rasen mähen oder die Wäsche machen kann. Tatsächlich kannst du aber schon so einiges vorbereiten und auf den Weg bringen, damit es in ein paar Jahren einfacher für ihn wird, mehr Verantwortung zu übernehmen. Es ist gut für seine Entwicklung, wenn er, in einem gewissen Alter, einen kleinen Teil der Arbeit übernimmt. Er lernt dadurch, dass deine tägliche Arbeit nicht selbstverständlich ist. Mach dir mit dem Thema aber keinen Stress. Dein Sohn wird seinen Weg auch ohne diese Vorbereitung gehen und lernen, Verantwortung zu übernehmen. Wenn du aber die Möglichkeit hast, ihm das jetzt schon näherzubringen, ist das ja auch nicht verkehrt. Alles ohne Druck und ganz spielerisch. Legen wir los.

Tipp 1: Alles ganz nebensächlich

Wenn du das mit der Hilfe im Haushalt ausprobierst, dann ist es wichtig zu wissen: Erst mal hast du dadurch mehr Arbeit. Dein Sohn kann dir ja noch nicht helfen, weil er das noch nicht gelernt hat. Außerdem wird er vieles noch nicht können. Es geht aber auch nicht darum, dass er dir eine echte Hilfe ist. Es geht eher darum, dass er spielerisch und ganz nebensächlich merkt, dass da Arbeit ist, die gemacht werden muss und wie sich das anfühlt. Wenn du mit ihm startest, dann starte mit kleinen Dingen. Hier ein paar Möglichkeiten:

Das Besteck für den Essenstisch verteilen

Es reicht erst mal, wenn er nur das Besteck verteilt. Später können Teller und Becher dazukommen. Denke daran, dass es nicht darum geht, dass er dir Arbeit abnimmt. Mit diesen kleinen Aufgaben kann er sich darauf einstellen, dass das gemacht werden muss und er alle damit unterstützen kann.

Seinen Teller nach dem Essen wegbringen

Übernimm für ihn gern das Besteck, den Becher und den Rest – er nimmt nur den Teller. Auch hier geht es nur um den Gang an sich.

Dich bei der Gartenarbeit begleiten

Egal ob die Beetpflege, wenn du einen Garten hast, oder die Pflanzen in der Wohnung – sich darum zu kümmern, darf Spaß machen. Das Gießen kannst du gut mit ihm zusammen machen, damit nichts daneben geht.

Tipp 2: Wie fühlst du dich dabei?

Hausarbeit kann Spaß machen. Nur oft muss sie einfach gemacht werden. Dann ist sie ziemlich nervig. Wenn du deinem Sohn die Hausarbeit näherbringst, zeige ihm die ganze Bandbreite: den nervigen Teil, den Teil, der schnell geht, den, der nie fertig zu werden scheint und den Teil, der Spaß macht. So wie du die Arbeit empfindest, so wird auch er sie empfinden. Mit Aussagen wie „Na endlich haben wir's geschafft", „Das war gar nicht so einfach, oder?" oder „Das ging ja ganz schnell" kannst du ihm zeigen, wie du die Arbeit gerade empfindest. Das wird ihn dazu bringen, sich mit dem Thema auseinanderzusetzen.

Tipp 3: Wir haben es geschafft!

Feiere, wenn du etwas geschafft hast, und zwar mit ihm zusammen. Dabei darfst du aus Spaß übertreiben oder albern werden.

SPASS BEIM AUFRÄUMEN – DAS KANNST DU DEINEM SOHN SAGEN

„Wir haben alle Socken wegsortiert! Wir sind die Sockenweg-sortierkönige!"

„Der ganze Tisch ist jetzt abgewischt. Der ist sooo sauber, dass wir jetzt keine Teller mehr brauchen."

Du kannst auch super zwischendrin schon gute Stimmung machen.

„Alles wird weggesaugt! Alle Monster, die uns überfallen wollen und auch alles, was wir doof finden. Guck mal da! Da ist ein Spinatmonster. Zack! Weg!"

Denke immer daran, dass es weder um Leistung geht noch darum, dass er dir wirklich Arbeit abnimmt. Es geht darum, wie du ihn bei diesem Thema begleitest und wie du ihm das zeigst. Ich wünsche euch viel Spaß dabei. Und wenn das Ganze viel zu anstrengend wird, dann lasst es einfach.

Nachmittags cooler Macker, abends will er kuscheln

Da stapft er durchs Wohnzimmer, mit breiten Schultern und noch breiterem Ego. Sein Blick macht klar: Er ist der Coolste. Das untermauert er mit ein paar coolen Sprüchen und zeigt deutlich, was er will und was nicht. Dabei immer eine lockere Art drauf, mit der er rüberbringt: Das läuft so, wie ich das hier will. Ich mache hier die Ansagen. Auf andere Rücksicht nehmen? Nicht ohne Grund. Die Stimmung von anderen aufnehmen und sich entsprechend verhalten, vielleicht auch mal zurücknehmen? Warum? Dein Sohn weiß doch, wie's läuft. Er ist heute Nachmittag „der coole Macker".

Abgesehen davon, dass du irritiert bist und deinen Sohn ganz anders erzogen hast, fragst du dich: Wie ist das gerade passiert? Und warum ist das passiert? Warum verhält er sich so? Er ist doch sonst ganz anders. Dieses komische Verhalten lehnst du auf jeden Fall ab. So kann er sich hier nicht aufspielen. Das hast du auch nicht verdient.

Mit dieser seltsamen Stimmung wird es Abend. Und wieder bist du irritiert. Denn jetzt verhält er sich gegenteilig zum Nachmittag. Er ist sensibel, zurückhaltend und wird ruhig. Abends im Bett möchte er extra lange und doll mit dir kuscheln und möchte am liebsten mit Liebe überschüttet werden. Was soll denn das Kontrastprogramm, fragst du dich. Erst macht er auf coolen Macker und jetzt auf übersensibel und extra kuschelbedürftig. Also, so geht es nun nicht. Da kommst du dir veralbert vor und du merkst, wie du ihn gerade nicht mehr verstehst.

Was passiert hier?

Die Verhaltensweisen, die bei deinem Sohn von außen sehr ungleich und gegensätzlich wirken, sind sich eigentlich sehr ähnlich. Das erste Auftreten deines Sohnes empfindest du als kühl, abweisend, desinteressiert und ignorant, vielleicht sogar unhöflich. Du fühlst dich zurückgewiesen und nicht gesehen. Das zweite Auftreten empfindest du als sensibel, verbindungssuchend, ja fast schon weinerlich. Hier fühlst du dich extrem gebraucht und emotional angesprochen.

Um das zu erklären, müssen wir erst verstehen: Wenn sich jemand sehr stark und mächtig darstellt, ist er das oft nicht. Gerade bei Menschen, die das sehr extrem machen, steckt dahinter oft eine Ohnmacht, die sie damit überspielen. Wenn dein Sohn also auf coolen Macker macht, dann versucht er vielleicht, etwas zu überspielen. Vielleicht versucht er auch, sich auszuprobieren. Wir schlüpfen alle täglich in verschiedene Rollen. Unsere Kinder machen das noch stärker. Nur weil er sich als mächtig präsentiert, heißt das nicht, dass er sich auch so fühlt.

Abends, wenn er viel erlebt und sich in so einer mächtigen Rolle ausprobiert hat, ist er erschöpft und sucht nun Unterstützung bei dir. Wie kannst du damit umgehen?

Tipp 1: Den Sinn dahinter verstehen und nachfühlen

Nachdem du nun weißt, dass hinter diesem Verhalten ein bestimmter Sinn steht, solltest du das Ganze erst mal verarbeiten. Denn diese Dynamik zu verstehen, heißt nicht, dass du damit auch einverstanden bist. Versuche, dich in ihn hineinzufühlen. Versuche, auch emotional nachzuvollziehen, warum es okay ist, dass er das macht. Er macht das für sich und nie gegen dich oder jemand anderes. Wenn du das für dich klar hast, dann nervt es dich vielleicht noch, aber es reizt dich nicht mehr. Das störende Gefühl ist nicht mehr so aufwühlend und du kannst ihn nun besser unterstützen.

Tipp 2: Positive Grenzen ziehen

Auch wenn es für ihn richtig scheint, sich so zu verhalten, musst du nicht alles hinnehmen und aushalten. Wenn es dir zu viel wird und du dich schlecht behandelt fühlst, dann sag ihm das und zeige ihm, wo deine Grenze ist. Das muss nicht nur negativ rüberkommen. Du kannst dafür folgende Sätze verwenden:

POSITIVE GRENZEN ZIEHEN – DAS KANNST DU DEINEM SOHN SAGEN

„Ich sehe, dass du gerade einen Riesenspaß hast, trotzdem fühle ich mich gerade unwohl. Bitte mach' das nicht bei mir."

„Du bist gerade der krasseste Typ hier, das sehe ich. Ich brauche aber etwas Ruhe und will auch nett behandelt werden."

„Ja, ich weiß, dass du der Heftigste bist. Aber auch die Heftigsten sind höflich zu anderen. Sei also bitte auch höflich zu mir."

Tipp 3: Mitmachen

Mach dir den Spaß und steig mit ein. Du kannst dafür die gleiche tiefgestellte Stimme wie er verwenden, dich so cool bewegen wie er oder auch krasse Sprüche erfinden. Wenn du das machst und ihn dabei siehst, dann wird er dich auch sehen. Was willst du mehr?

Ab ins Bett

Der Tag neigt sich dem Ende zu. Ihr habt zu Abend gegessen und nun geht es ab in die Falle. Vielleicht freust du dich schon auf deine kinderfreie Zeit, deinen Feierabend, den du dir echt verdient hast. Jetzt noch schnell Zähne putzen und dann zu Bett bringen. So zumindest dein Plan. Doch dann kommt alles ganz anders. Dein Sohn ist noch voll aufgedreht, er will viel lieber noch spielen und eigentlich ist er auch noch lange nicht müde.

Er verweigert sich, kommt gar nicht erst ins Bad, läuft weg, versteckt sich oder wird sauer und dreht durch. Und das jetzt, wo dein Feierabend ruft. Du versuchst es im Guten mit „Alle Kinder gehen jetzt schlafen und du auch" und im Ansagenmodus „Jetzt ist Schluss, jetzt geht's ins Bett!" Nichts scheint zu helfen.

Was passiert hier?

Die Unlust deines Sohnes, jetzt schlafen zu gehen, kann viele Gründe haben. Vielleicht kennst du den Grund auch genau. Er könnte noch aufgedreht sein, weil er gerade etwas Spannendes erlebt hat, er hat seine Lieblingsserie geguckt, er möchte noch bei dir sein oder er ist einfach noch überhaupt nicht müde.

Das Problem ist auch oft nicht, dass er jetzt unbedingt schlafen muss, sondern, dass das jetzt so in den Tagesablauf gehört. Grundsätzlich weiß ein Kind, wann es müde ist, und möchte dann auch schlafen. Es gibt aber zwei Faktoren, die dagegensprechen, das Kind entscheiden zu lassen, wann es schlafen geht. Da ist zum einen, dass du als Elternteil auch mal eine kinderfreie Zeit brauchst. Diese Zeit ist wichtig, um Energie zu tanken oder Dinge zu schaffen, die du mit den Kindern nicht schaffst. Zum anderen stehst du morgen wieder früh auf. Der Wecker klingelt und der Tag beginnt. Du musst zur Arbeit und auch der Morgenkreis in der Kita fängt pünktlich an. Man kann darüber diskutieren, ob das alles so gut und richtig ist. In der Regel können wir uns das aber nicht aussuchen. Und so heißt es: abends früh zu Bett, damit wir morgens früh aufstehen können.

Warum erzähle ich dir das? Ich möchte damit rüberbringen, dass deine Situation unter Umständen unnatürlich ist. Unser moderner Alltag passt oft nicht mit unserem Schlafbedürfnis zusammen – und schon gar nicht mit dem unserer Kinder. Wir haben so eine unnatürliche Situation. In so einer Situation geht es nicht darum, dass diese immer funktioniert. Es geht vielmehr darum, das Beste aus ihr zu machen. Dennoch möchte ich dir ein paar Tipps mitgeben, die dir helfen können, diese tägliche Situation zu verbessern.

Tipp 1: Der emotionale Selbstcheck

Wie geht es dir? Wo bist du gerade emotional? Du bist vielleicht kaputt vom Tag, hast viel gearbeitet und freust dich auf deinen Feierabend. Du hast eine Erwartungshaltung, die nicht erfüllt wird und dein Wunsch nach Ruhe, Entspannung und Zeit für dich ist in Gefahr. Du denkst dir vielleicht „Nicht schon wieder ... Kann es nicht wenigstens einmal anders ablaufen?“ Deine Erwartungshaltung ist verständlich, macht aber erst die Enttäuschung möglich. Du kannst nur von etwas ent-täuscht werden, wenn du vorher ge-täuscht warst. Probiere doch mal aus, eine „Ich gehe nicht ins Bett“-Situation zu erwarten. Das kostet ein bisschen Energie, kann aber möglichweise zu einer Veränderung eurer Abendsituation führen. Dafür solltest du aber an dem Abend etwas mehr Zeit einplanen.

Tipp 2: Der Rhythmus macht die Musik

Wenn das Zubettgehen nicht funktioniert, dann fehlt vielleicht der Rhythmus. Der Mensch ist ein Gewohnheitstier. Achte also darauf, dass dein Sohn immer zur gleichen Zeit im Bett ist. Auch das Abendritual vorher sollte möglichst immer gleich bleiben und auch immer in einem ähnlichen zeitlichen Rhythmus stattfinden. Du kannst deinen Sohn fragen, ob er immer erst die Zähne putzen und dann den Schlafanzug anziehen will oder andersherum. Das gibt ihm die Möglichkeit, den Rhythmus mitzugestalten.

Tipp 3: Rituale unterstützen

Du magst es vielleicht kaum glauben, aber auch meine Kinder mochten nicht immer ins Bett gehen. Ich kenne also alle Formen von „Ich will einfach nicht“ bis hin zu „Ich bin noch nicht müde“. Was uns geholfen hat, war ein Abendritual. Hier ein paar Vorschläge:

Buch vorlesen

Wer kennt ihn nicht, den Abendritual-Klassiker? Beim Buchvorlesen rate ich dir zu abgeschlossenen Geschichten oder Kapiteln. Dafür gibt es viele Bücher, die extra für die Zubettgeh-Situation geschrieben wurden.

Geschichten erzählen

Ich liebe es, Geschichten zu erzählen. Besonders mag ich solche, bei denen die Zuhörenden aktiv miterzählen oder zumindest mitbestimmen können, wie die Geschichte verläuft. Ich denke mir die Geschichten immer spontan aus. Für diese Art der Geschichtenerzählung gibt es zwei Varianten:

Variante A – Geschichte mit Entscheidungen
Bei dieser Variante beginnst du mit zwei Hauptprotagonisten. Du erzählst davon, dass du den Fuchs und den Bären getroffen hast. Beide haben dir eine großartige Geschichte erzählt. Du fragst deinen Sohn, welche er lieber hören würde. Wenn er sich für den Bären entscheidet, kannst du sagen, dass der Bär nach einem langen Winterschlaf in seiner Höhle aufwachte und plötzlich sein Lieblingsstein weg war. Soll der Bär zuerst tiefer in der Höhle oder draußen am Fluss suchen? – Dein Sohn entscheidet. Du führst die Geschichte immer wieder zu einer „A oder B"-Entscheidung, die dein Sohn treffen darf.

Variante B – Abwechslung
Bei dieser Variante beginnst du mit zwei bis drei Sätzen eine Geschichte. Anschließend ist dein Sohn dran und erzählt die Geschichte weiter. Ihr wechselt euch ab, bis du die Geschichte zum Ende führst.

Fragen stellen
Ich liebe es, meinen Kindern beim Zubettgehen Fragen zu stellen. Dafür gibt es auch verschiedene Möglichkeiten.

Variante A – Wie war dein Tag?
Die Frage stelle ich nicht so, dass es darauf nur eine Antwort gibt: „Gut." Ich frage lieber: „Was ist dir heute besonders Schönes passiert?"

Früher habe ich gefragt, was das Schönste an dem Tag war. Da dauerte das Nachdenken zu lange, weil es ja auch ganz sicher das Beste sein musste. Mit dieser etwas anderen Frage kannst du ein Tagesresümee einleiten.

Variante B – Superkräfte und Wünsche
Es gibt tolle Fragen, die du ganz nach Belieben deines Sohnes variieren kannst:
„Wenn du eine Superkraft hättest, welche wäre das und warum?"
„Wenn du drei Wünsche frei hättest, was würdest du dir am liebsten wünschen?"
„Wenn du ein Superheld wärest, wer wärest du dann?"

Du kannst an die Superheldenfrage auch die Frage anschließen: „Wenn ich ein Superheld oder eine Superheldin wäre, wer wäre ich dann und was wäre meine Spezialfähigkeit?" Es ist interessant, was unsere Kinder darauf antworten.

Monster unter dem Bett

Das wird ein super Abend. Du hast gerade deinen Sohn ins Bett gebracht und jetzt wartet der Film auf dich, den du schon seit Wochen gucken wolltest. Du hast es dir gemütlich gemacht, ein bisschen was zum Knabbern hingestellt und ein leckeres Getränk steht auch schon bereit. Nach dem Vorspann geht es direkt rein in die Handlung. Die Bilder sind fast schon ein bisschen zu gruselig. Die Spannung ist am Höhepunkt, als du plötzlich hörst: „Da ist ein Monster unter dem Bett ..." Irritiert wandert dein Blick vom Fernseher weg in den Raum. Da steht dein Sohn mit seinem Kuscheltier in der Hand und wiederholt seinen Satz: „Da ist ein Monster unter meinem Bett ..."

Langsam realisierst du, dass es jetzt wohl eine kleine Unterbrechung geben wird. Du hältst den Film an und bietest deinem Sohn deine Arme an. „Unter deinem Bett, sagst du?" Dein Sohn nickt. Du prüfst kurz, ob er nur keine Lust hat, schon zu schlafen oder ob er wirklich Angst hat. Er scheint sich wirklich zu fürchten. Du überlegst, was du jetzt machen oder sagen könntest. Ist es sinnvoll ihm anzubieten, mal zu gucken oder bringt das gar nichts? Gibt es etwas, das du ihm sagen kannst? „Da ist kein Monster“ oder „Monster gibt es nicht“ scheint dir nicht so sinnvoll zu sein. Wie kannst du das jetzt lösen? Schließlich willst du ja auch noch Monster sehen, in dem Film, der auf dich wartet.

Was passiert hier?

Ich sage es, wie es ist: Hier passiert nichts Besorgniserregendes. Die Monster-unter-dem-Bett-Phase macht fast jedes Kind durch, sie ist Teil einer ganz normalen Entwicklung von Kindern. Da gibt es keine Gehirnaktivitäten zu erklären oder besondere Antworten auf ein nur schwer zu verstehendes Problem zu finden. Du kannst also locker damit umgehen. Ich zeige dir ein paar Möglichkeiten, wie du darauf reagieren kannst.

GUT ZU WISSEN: DIE MAGISCHE PHASE

Zwischen drei und fünf oder sechs Jahren durchlaufen Kinder oft die „magische Phase“. In dieser Zeit ist die Grenze zwischen Realität und Fantasie für sie oft noch nicht klar gezogen. Ihrer Vorstellungskraft sind keine Grenzen gesetzt: So glauben Kinder an Feen, Zauberei und eben Monster unter dem Bett. Sie leben dabei nicht in einer Fantasiewelt. Sie nehmen die Realität wahr, verschmelzen sie aber mit ihren magischen Gedanken.

Du brauchst dir keine Sorgen zu machen. Genieße die Zeit mit deinem Kind. Das bedeutet nicht, dass du alles als wahr annehmen musst, was dein Kind erzählt. Wichtig ist jedoch, dass du dein Kind ernst nimmst, ihm zuhörst und dir erzählen lässt. Dein Kind spürt so deine Wertschätzung.

Tipp 1: Lass uns mal gucken

Gehe mit deinem Sohn in sein Zimmer. Schaue mit ihm als erstes unter das Bett und in den Schrank. Wichtig ist, dass du beim Gucken zeigst, dass da eigentlich kein Monster sein kann. Gleichzeitig sollte er aber auch nicht das Gefühl haben, dass du ihm nicht glaubst oder ihn nicht ernst nimmst. Erst mal sollte aber klar sein, dass da kein Monster ist. Nimm dir lieber eine Minute mehr Zeit, als du gerne würdest. Sonst spürt dein Sohn, dass du dich gar nicht mit dem Thema auseinandersetzen willst und fühlt sich allein. Bausche es aber auch nicht unnötig auf, sonst gibst du dem Thema am Ende mehr Raum und vergrößerst es. Dafür kannst du gut ein paar Fragen stellen.

DAS MONSTER UNTERM BETT – DAS KANNST DU DEINEM SOHN SAGEN

„Siehst du unter dem Bett jetzt das Monster?" (gemeinsam gucken)

„Und das Monster ist immer nur unter dem Bett, oder? Es ist nicht woanders, ja?"

„Was könnten wir denn machen, damit das Monster dein Bett so langweilig findet, dass es sich ein anderes Bett aussucht?"

„Hast du ein Kuscheltier, das stärker ist als das Monster? Wir könnten es neben das Bett setzen und das beschützt dich dann."

Tipp 2: Von der eigenen Angst erzählen

Wenn Kinder vor etwas Angst haben, dann glauben sie oft, dass es nur ihnen so geht. Sie denken, dass Erwachsene keine Angst haben. Du kannst also deinem Sohn davon erzählen, wovor du Angst hast und wie du damit umgehst. Zeige dich als einen Menschen, der Angst hat, diese aber überwinden konnte. Damit kann dein Sohn mehr anfangen, als wenn du erzählen würdest, dass du keine Angst hast und er die auch nicht haben braucht. Das kann er sich wahrscheinlich nicht gut vorstellen. Du kannst auch sehr gut erzählen, wovor du in seinem Alter Angst hattest und wie du damit umgegangen bist. Wenn du nun ein total furchtloser Mensch bist, ist das super. Das wird dir nur in dieser Situation nicht helfen. In dem Fall denke dir etwas aus.

ICH HATTE AUCH EIN MONSTER UNTERM BETT – DAS KANNST DU DEINEM SOHN SAGEN

„Als ich in deinem Alter war, hatte ich immer Angst vorm Sockenmonster. Das habe ich so gelöst, indem ich eine Socke auf den Teppich gelegt habe. Da die Socke liegen blieb, wusste ich, das Sockenmonster ist heute nicht da."

„Als ich früher Monster unter dem Bett hatte, habe ich die Tür aufgelassen. Das mochten die Monster gar nicht und sind abgehauen. Womit könnten wir denn dein Monster verscheuchen?"

Tipp 3: Gibt es einen Grund?

In der Regel ist das Thema „Monster unter dem Bett“ ja nicht neu und viele Kinder kennen es. Tatsächlich kann das Problem auch mal in seiner großen Variante auftreten. Auch hier ist das Ganze erst mal unbedenklich. Du kannst aber trotzdem verschiedene Sachen machen. Lass dein Kind das Monster malen, wenn es will. Dann lass es dir erklären und ihr könnt so noch mal gut ins Gespräch kommen. (Zusatztipp: Mal du doch auch mal ein Monster und erzähle deinem Kind davon. Achte darauf, dass dein Sohn dein Monster nicht so gruselig findet. Sonst hat es am Ende zwei Monster unter dem Bett.)

Jedes Kind kann schlafen lernen ... wenn es will

Du bist völlig übermüdet. Du könntest eigentlich schlafen. Es gibt zurzeit nichts, was dich davon abhält, keine Probleme, die dich nicht zur Ruhe kommen lassen, kein Stress im Alltag und keine Themen, die dich zum Grübeln bringen. Das Einzige, was dich vom Schlafen abhält, ist dein Sohn. Der schläft nämlich noch nicht und wenn, dann nicht durch, nicht allein oder nur dann, wenn er seine Lieblingskuscheltiere in eine bestimmte Reihenfolge gesetzt hat, seine drei Lieblingsgutenachtgeschichten gehört hat und vor allem bei dir im Bett einschlafen darf. Okay, das mit dem Geschichten- und Kuscheltierzirkus muss er wirklich nicht so übertreiben. Aber wie ist das denn mit dem allein schlafen? Ab wann schlafen Kinder allein in ihrem Bett? MUSS er irgendwann allein schlafen? Bei so vielen Fragen ist klar, was jetzt ansteht: Internetrecherche. Du klickst dich durch verschiedene Seiten, guckst dir Videos an und liest Buchvorstellungen. Die Angebote sind vielfältig. So vielfältig, dass du dir nichts rausziehen kannst. Dann erinnerst du dich daran, dass der Dirk Fiebelkorn doch ein Kapitel in seinem Buch dazu geschrieben hat. Oh, du bist ja schon mittendrin. Gucken wir uns das mal an.

Was passiert hier?

Wer Kinder hat, weiß, wie hart die Zeit ohne guten Schlaf sein kann. Ich höre auch immer wieder, dass die Erziehung von Jugendlichen ja so hart sein muss. Kann sie bestimmt auch. Aber in der Regel bin ich da ausgeschlafen. Wir haben verschiedene Probleme mit dem Schlaf unserer Kinder. Neben dem Nicht-Durchschlafen und den Schlafzeiten gibt es noch Themen wie „Darf mein Kind bei mir im Bett schlafen? Und wenn ja, bis wann?“

Grundsätzlich behandeln wir in unserer Kultur das Thema Schlafen anders als andere Kulturen das tun. Dort ist es völlig normal, dass Eltern ihre Babys den ganzen Tag am Körper tragen. Dort wird auch nicht drauf geachtet, dass das Kind möglichst früh allein schläft, wegen der Selbstständigkeit und so einem Quatsch. Auch zu diesem Thema habe ich wieder drei Tipps für dich.

Tipp 1: Er muss nicht im eigenen Bett schlafen

Auch heute gibt es noch diesen Mythos, dass Kinder schneller selbstständig werden, wenn sie in ihrem eigenen Bett im eigenen Zimmer schlafen. Das ist je nach Kind vielleicht auch nicht ganz falsch. Was oft nicht bedacht wird: Das Kind muss diesen Schritt selbst gehen. Die Möglichkeit, allein zu schlafen, darfst du deinem Kind anbieten. Wenn du dein Kind allein schlafen lässt, obwohl es noch nicht so weit ist, kann das eventuell schlimme Folgen haben. Das Kind fühlt sich allein gelassen, was es ja letztendlich auch ist. Es ist allein im eigenen Zimmer und soll jetzt schlafen. Das ist, je nach Alter des Kindes, etwas Unnatürliches. In so einer Situation können Grundbedürfnisse wie Sicherheit und Nähe unter Umständen nicht erfüllt werden.

In den ersten Jahren darf dein Kind sehr gern bei dir mit im oder am Bett schlafen. Er wird dadurch kein schwaches Selbstbild haben, sondern eher gestärkt aus dieser Situation hervorgehen.

Wo wir gerade dabei sind, können wir mit einem weiteren Mythos aufräumen. Das betrifft zwar die ganz Kleinen, kann aber für deinen Sohn im Kita-Alter auchnoch interessant sein. Die Rede ist von der Taktik, ein Baby oder Kleinkind schreien zu lassen, bis es Ruhe gibt. Diese Gewalt am Kind wird sogar noch auf die Spitze getrieben: So heißt es in einigen Büchern, dass man das Kind schreien lassen soll, auf keinen Fall hochnehmen und die Abstände, in denen man immer wieder ins Zimmer kommt, vergrößern. Am Ende soll sich das Kind dadurch beruhigen. Aus traumapädagogischer Sicht ist das ganz klar Gewalt am Kind und kann ein Trauma auslösen.

Das, was hier wirklich passiert, ist, dass das Kind die Verbindung verliert und in den Totstellreflex geht. Das hat mit Beruhigung nichts zu tun, genau das Gegenteil ist der Fall.

Wenn du das verhindern willst, nimm dein Kind auf den Arm, kuschle mit ihm und unterstütze es. Wenn es sich sicher und geborgen fühlt, dann wird es irgendwann selbst allein schlafen wollen. Das ist aber ein Schritt, den es selbst entscheiden muss.

Tipp 2: Unterstützung statt Kontrolle

Schlaf ist nicht etwas, was wir kontrollieren sollten. Wir brauchen einen guten Schlaf für ein gutes Leben, um es einfach auszudrücken. Dass wir uns so oft zwingen zu schlafen, obwohl wir nicht müde sind oder uns wecken, obwohl wir noch schlafen sollten, ist ungesund. Nun können wir uns das nicht immer aussuchen. Wir sind abhängig von Job und anderen äußeren Umständen und nicht zuletzt unseren Kindern, die beispielsweise morgens in die Kita wollen. Wir sollten mehr auf unseren Körper hören und wann er Schlaf braucht. Unsere Kinder wissen das sehr gut, außer sie sind „drüber". Du kennst das. Dein Sohn ist dann so überdreht, weil er übermüdet ist. Abgesehen von der Situation brauchen wir den Kindern nicht immer zu sagen, wann sie schlafen sollten. Sie wissen das. Wir sollten sie eher dabei unterstützen, auf sich und ihren Körper zu hören. Unsere Gegner dabei sind interessantes Spielzeug oder eine aufregende Situation, wie zum Beispiel unser Besuch, der gerade gekommen ist. Das lenkt sie natürlich ab. Wenn du weißt, dass dein Sohn nur schwer in den Schlaf findet, schau dir gerne das Kapitel „Ab ins Bett" (Seite 43) an. Dort findest du Möglichkeiten, wie du ihn dabei unterstützen kannst.

Tipp 3: Und wie gehts dir?

Bei all der Unterstützung für deinen Sohn darfst du dich nicht vergessen. Wenn es dir am Ende schlecht geht, geht es auch deinem Sohn schlecht. Und das ist der schwierige Kampf, den du hier führst. Denn oft stehen beim Thema Schlafen deine Bedürfnisse gegen seine. Du möchtest auch mal deine Ruhe haben und nicht immer im gleichen Raum schlafen. Oder du möchtest abends einen Film gucken, der nichts für ihn ist, und er soll dafür endlich einschlafen. Dafür gibt es auch nicht **die** Lösung. Wichtig ist aber, dass auch du ein Anrecht auf deine Bedürfnisse hast. Es gibt immer wieder Momente, in denen er mal zurückstecken muss. Da das Gleichgewicht zu finden, ist die gar nicht so einfache Aufgabe. Mein Tipp ist: Auch wenn er noch nicht alles versteht, sei mit ihm im Austausch.

ZEIT FÜR DICH – DAS KANNST DU DEINEM SOHN SAGEN

„Ich brauche gerade mal ein bisschen Zeit für mich."

„Nachdem ich das hier gemacht habe, bin ich wieder für dich da."

Du darfst ihm aber auch mal sagen, wenn was nicht geht:

„Das geht jetzt gerade nicht, später vielleicht."

„Jetzt ist Elternzeit."

So haben wir das schon immer gemacht

Früher, da war die Welt noch in Ordnung. Da hat es so was nicht gegeben. Da wurde auf den Tisch gehauen und solange die Kinder die Füße unter eben diesen stellten, haben sie gemacht, was die Eltern sagten. Und was auf den Tisch kam, wurde gegessen, aber auf keinen Fall mit vollem Mund gesprochen. Wenn nichts mehr klappte, wurde damit gedroht, bis drei zu zählen. Bis heute ist unklar, was bei drei eigentlich genau passiert. Wer kennt sie nicht, die alten Sprüche und Ansagen der vorigen Generationen?

Dein ganz eigener Weg

Früher ging es in der Erziehung um Macht, Gehorsam und Kontrolle. Die Erwachsenen haben bestimmt und die Kinder hatten Folge zu leisten. Die Rollen waren klar verteilt, alles war geregelt und geordnet. Vielleicht kennst du sogar heute noch Familien, die so leben. Oder kennst du die „neuen“ Familien, bei denen genau das Gegenteil abläuft? Die Kinder kennen keine Grenzen, dürfen alles und die Eltern scheuen jegliche Diskussion. Das ist genauso unpädagogisch wie der „alte“ Ansatz, nur eben andersrum.

Nun ist es gar nicht so leicht, seinen eigenen Weg mit seinem Kind zu finden. Einerseits möchtest du vielleicht endlich alles so machen, wie du es schon immer machen wolltest. Andererseits hast du noch die Werte deiner Eltern in dir. Und die sind oft auch noch gut und wertvoll.

In diesem Kapitel möchte ich mich mit dir auf den Weg machen und gemeinsam schauen, mit welchen Werten du dein Kind unterstützen kannst und wie diese Unterstützung in deinem Familienalltag konkret aussehen kann. Was steckt eigentlich hinter den alten Sprüchen und welche Werte stehen dahinter? Und was machst du in Situationen, in denen dir von alten Generationen eben diese Sprüche entgegengeschleudert werden? Auch dieses Kapitel starte ich mit drei kurzen Impulsen.

Ich bin wie meine Eltern, nur genau entgegengesetzt

Wenn wir selbst Mutter oder Vater werden, dann setzen wir uns damit auseinander, welche Werte wir unserem Kind mitgeben wollen. Was ist uns wichtig? Dabei spielen die Werte, die wir von unseren Eltern mitbekommen haben, eine große Rolle. In der Regel handeln wir nach einer von zwei Optionen:

Wir übernehmen die Werte unserer Eltern

Die Werte unserer Eltern zu übernehmen, liegt nahe. Wir sind mit diesen Werten aufgewachsen und haben sie verinnerlicht. Was haben wir von unseren Eltern gelernt? Wie stehen sie zu Themen wie Leistung, Bescheidenheit, Ehrlichkeit, Gerechtigkeit oder Loyalität? Diese Werte sehen wir als Bereicherung und geben sie an unsere Kinder weiter.

Ich mach's genau andersrum

Die zweite, auch sehr häufige Variante ist, genau das Entgegengesetzte zu tun. Wenn ich Loyalität um jeden Preis schon immer blöd fand oder wenn mich Bescheidenheit schon immer eingeengt hat, dann lebe ich jetzt mit meinem Kind genau das Gegenteil. Ich will endlich meine Werte leben und treffe dementsprechend auch andere Entscheidungen.

Die dritte Möglichkeit, die nur wenige sehen

Was? Es gibt eine dritte Möglichkeit? Ja, die gibt es. Die dritte Möglichkeit ist, ein ganz eigenes Wertesystem zu leben, komplett frei von dem Wertesystem meiner Eltern. Ich mache also weder das Gleiche wie meine Eltern noch genau das Gegenteil. Ich mache etwas ganz Eigenes. Das ist für viele sehr schwer, da wir alle mehr oder weniger stark von unseren Eltern geprägt wurden und das von klein auf.

Aber weißt du was? Es gibt sogar noch eine vierte Möglichkeit.

Ein Mix aus allem
Du kannst dir auch die für dich wichtigen Werte deiner Eltern nehmen, einige komplett entgegengesetzte Werte, ganz eigene Werte und die alle mischen. Hier rate ich dir, das alles möglichst bewusst zu tun. Setze dich mit deinen Werten auseinander und überlege dir genau, warum du welche Werte an dein Kind weitergeben willst.

Übrigens: Mit den Werten deiner Eltern und der vorigen Generationen darfst du versöhnlich umgehen. Wenn dir jemand sagt, dass du zu weich mit deinem Sohn bist oder ihm mal klarmachen musst, wie er sich zu verhalten hat, dann denke immer daran, dass diese Person immer ihre eigene Geschichte hat. Diese Person wird in dieser Situation vielleicht von ihrer eigenen Vergangenheit getriggert und reagiert jetzt so.

Leistung

Das Thema Leistung in Bezug auf Männlichkeit spielte in den letzten Jahrzehnten eine große Rolle. Vielleicht erlebst du aber auch, dass seine Bedeutung immer schwächer wird. Das ist eine gute Entwicklung. Der Wille und der Spaß daran, etwas zu leisten ist, meiner Meinung nach, etwas Großartiges. Wenn das Ganze jedoch zu einem ungesunden Druck wird, dann ist das für unsere Kinder eher schädlich. Damit meine ich nicht, dass ihnen alle Steine aus dem Weg geräumt werden sollen. Ich kritisiere, wie Leistung früher gesehen wurde und wie sie tatsächlich noch heute manchmal auf uns wirkt.

Früher, und leider auch manchmal heute noch, galt Leistung als sehr männlich. Wenn also ein Junge etwas geleistet hat, dann war er auf dem besten Wege ein Mann zu werden. Ein Junge, der sein Jungesein und seine Männlichkeit als wichtigen Baustein seiner Identität sieht, kann mit dieser Einstellung zum Thema Leistung existenzielle Probleme bekommen. Er lebt nach dem Motto: Ich bin ein Junge – Ich bin nur ein Junge, wenn ich leiste – Wenn ich nicht leiste, bin ich nicht. Der Wert Leistung ist mit seiner Existenz verknüpft.

Auch heute kommt es immer wieder in meinen Elterncoachings vor, dass ein Vater diese Leitsätze lebt und sie an seinen Sohn weitergibt. Das passiert häufig unbewusst und in der Regel ungewollt. Ich bin jedes Mal ergriffen von dem Willen dieser Väter, diesen Kreislauf zu durchbrechen. Sobald sie diesen Mechanismus erkannt haben, unterstützen sie ihre Söhne und versuchen, positiv mit dem Thema Leistung umzugehen. Das sind für mich als Coach sehr erfüllende Momente.

Sag auch mal „Nein“ und sei egoistisch

In meinem dritten Impuls geht es um einen Wert, der früher vor allem von Frauen gelebt wurde. Aufopferungsbereitschaft für die Kinder und die Familie wurde bei ihnen großgeschrieben. Wie selbstverständlich hat die Frau ihre eigenen Interessen, Wünsche und Bedürfnisse hinten angestellt. Auch das wird zum Glück heute immer weniger. Denn der fehlende gesunde Egoismus von Eltern ist aus zwei Gründen nicht förderlich für dein Kind.

Grund 1: Du darfst auch leben

Ja, du hast richtig gelesen. Auch du als Mutter oder Vater hast das Recht auf Zeit nur für dich und Momente, die nur dir gehören. Anderenfalls brennst du irgendwann aus und kannst nicht mehr. In der aktuellen Lebensphase mit deinem Sohn wird dir das sicher schwerfallen. Dennoch solltest du immer wieder versuchen, auch mal nur für dich zu sein. Du brauchst das, um deine Energie wieder aufzutanken. Dein Sohn wird es dir danken, wenn nicht jetzt, dann später.

Grund 2: Dein Sohn sollte auch egoistisch sein dürfen

Wenn du nicht ab und zu mal „Nein" sagst und dir Zeit für dich nimmst, dann wird dein Sohn das als mögliche Blaupause für sein eigenes Leben nehmen. Er wird unter Umständen denken, dass man als Erwachsener keine Zeit für sich hat und auch nicht das Recht hat, hin und wieder sein eigenes Leben zu leben. Du darfst also auch ab und zu egoistisch sein, für deinen Sohn.

Werfen wir einen Blick auf Situationen, in denen uns häufig alte Werte und Sichtweisen begegnen.

Du musst auch mal auf den Tisch hauen

Ihr seid bei Freunden eingeladen. Es ist ein runder Geburtstag und so sind auch andere Freunde und Familien da. Es herrscht ein buntes Treiben. Die Erwachsenen sitzen an verschiedenen Tischen, essen etwas vom Buffet und unterhalten sich. Die Kinder spielen im ganzen Haus, rennen durch die Gegend und bekommen immer wieder die Ansage, nicht so laut zu sein. Das stört die Kinder aber nicht, einige Erwachsene schon. Dein erster Gedanke ist: Hoffentlich fällt dein Junge nicht so sehr auf.

Andererseits denkst du dir: Das ist eine Party. Wenn er hier nicht aktiv sein darf, wo dann? Ab und zu kommt er an deinen Tisch und möchte etwas wissen oder haben. Du bist zwar mitten im Gespräch, aber es stört dich eigentlich nicht. Du freust dich einfach, dass er hier andere Kinder zum Spielen gefunden hat und sich nicht langweilt. So kannst du dich mit den anderen Erwachsenen unterhalten. Eine Frau in deinem Alter erzählt sehr Interessantes über dein Lieblingsthema und auch ein älterer Herr trägt für dich Wissenswertes zu eurem Gespräch bei. Als du gerade von deiner Sicht erzählen willst, unterbricht dich dein Sohn. Er will jetzt sofort das eine Bild von ihm auf deinem Handy sehen, warum auch immer. Genervt zeigst du ihm schnell das Bild, während die anderen kurz warten. Nachdem dein Sohn wieder zu den anderen Kindern gelaufen ist und du das Handy weggepackt hast, kommt von dem älteren Herrn wie aus dem Nichts eine Aussage: „Du musst auch mal auf den Tisch hauen, sonst tanzt er dir irgendwann auf der Nase herum!"

Du bist auf verschiedenen Ebenen irritiert. Waren wir nicht gerade bei einem ganz anderen Thema? Wieso gibt der mir jetzt plötzlich Erziehungsratschläge? Wirke ich so, als ob ich die brauchen würde? Ist das nicht eine eher veraltete Sichtweise der Pädagogik? Viele Fragen kommen und gehen, doch eine geht dir nicht mehr aus dem Kopf: Was ist, wenn er recht hat?

Was passiert hier?

Natürlich kann man viel darüber spekulieren, warum der Herr den Satz zu dir gesagt hat und wie er ihn gemeint haben könnte. Deshalb erzähle ich hier davon, wie ich diesen Satz immer wieder gehört habe und in welchen Situationen und aus welchen Gründen er wie gemeint war.

Den Ratschlag habe ich häufig als Vater bekommen, meist von älteren Generationen. Und so entstand oft ein kleiner Generationenkonflikt, zu dem ich dir ein paar Gedanken mitgeben möchte, die vielleicht etwas Licht ins Dunkel bringen.

Verschiedene Generationen, verschiedene Prägungen

Unsere Generation hat ganz bestimmte Werte, die uns wichtig sind. Diese Werte betreffen unser Zusammenleben, wie wir miteinander umgehen und eben auch, wie wir unsere Kinder erziehen. Heute ist uns Durchsetzungsvermögen wichtiger als Gehorsam und Leistung stellen wir nicht so schnell über Selbstentfaltung. Das war in den Generationen vor uns noch anders. Und wahrscheinlich zu Recht. Bei diesen Nachkriegsgenerationen ging es um Wiederaufbau, was sehr viel mit Leistung zu tun hat. Heute lebt unsere Gesellschaft im Überfluss, muss sich aber dafür darum kümmern, keinen Burn-out zu bekommen. So hat jede Generation ihre Herausforderungen. Vielleicht hatten so auch die Generationen vor uns nicht den Blick, wie wichtig doch Erziehung für unsere Gesellschaft ist. Und seien wir mal ehrlich, auch unsere Generation ist beim Thema Kinder nicht immer vorne mit dabei. Aber unsere Generation hat etwas, was unsere Vorgenerationen nicht hatten: das Wissen der Pädagogik.

Früher wusste man einfach nicht, wie schrecklich Gewalt für die Entwicklung von Kindern ist. Heute weiß man, wie wichtig Grundbedürfnisse wie Sicherheit oder Selbstwirksamkeit sind. Wenn ein Kind aufsteht, unbequem wird und seine Meinung sagt, dann ist das grundsätzlich erst mal etwas Großartiges. Das bedeutet, es sieht seine Bedürfnisse und kommuniziert sie. Das ist ein gesundes Verhalten. Im nächsten Schritt darf es dann die Bedürfnisse der anderen sehen. Bei früheren Generationen ging das gar nicht. Kinder, die das gemacht haben, galten als frech. Sie wurden sofort in ihre Schranken verwiesen. Das Problem war aber nicht, dass sie frech waren, sondern dass sie niemand in dieser Situation begleitet hat. So konnten die Kinder auch nicht gut aus diesen Situationen lernen. Heute begleiten wir sie und sie lernen dadurch viel besser.

Du siehst also, dass der ältere Herr ganz andere Gedanken hat und er Situationen ganz anders interpretiert. Er sieht ein freches Kind, das in seine Schranken verwiesen werden muss, weil es sonst immer frecher wird. Du siehst ein Kind mit Bedürfnissen, das du unterstützen möchtest, um sich richtig zu verhalten. Und hier bedeutet richtig, dass das Kind nicht nur „funktioniert“, sondern sich nach deinen Werten entwickelt. Sei dem Herrn also nicht böse, wenn er so etwas sagt. Jetzt weißt du: Er kann gar nicht anders. Er tut sein Bestes.

Mein Rat ist wichtig, so wie ich

In dieser Situation gibt es noch einen weiteren Punkt, der sehr wichtig ist, um den Herren besser zu verstehen. In den Gesprächen, die ich geführt habe, hatten Menschen aus den vorigen Generationen oft das Gefühl, sie würden nicht wertgeschätzt, wenn man nicht ihrer Meinung ist. Das ist etwas, was uns wahrscheinlich auch passieren wird, wenn wir später mal mit unseren erwachsenen Kindern diskutieren. Unsere Generation tut Dinge, die unsere Kinder verwerflich finden werden. Wir dürfen jedoch nicht vergessen, dass jede Generation ihr Haus auf das Haus der vorigen Generation aufbaut. Egal wie viele Fehler diese gemacht hat. Unsere Generation hat aus ihnen gelernt. Außerdem sollten wir daran denken, dass die Dinge, die wir von unseren Eltern gelernt haben und unser Leben bereichern, doch sehr viel mehr und größer sind als ihre Fehler. Unser Blick auf diese Generation sollte also versöhnlich sein.

Es geht um Kontrolle, mal wieder

Auch hier hat das Thema, meiner Meinung nach, wieder viel mit Kontrolle zu tun. Dem Mann am Tisch geht es darum, dass das Kind kontrolliert wird. Da der Wunsch nach Kontrolle immer aus einem Kontrollverlust resultiert, ist klar, was bei dem Mann los ist: Er befürchtet eine Situation, die nicht mehr zu kontrollieren ist und versucht schon vorher, die Kontrolle wiederzuerlangen. Ein ganz natürlicher und verständlicher Mechanismus. Das funktioniert allerdings nicht. Denn am Ende gibt es immer nur zwei Reaktionen auf Kontrolle: Der Kontrollierte ergibt sich und gibt sich selbst auf oder er geht dagegen an und fängt an zu kämpfen. Beides wollen wir als Eltern verhindern. Aber wie? Und was machen wir jetzt?

Tipp 1: Ratschläge von anderen

Die Ratschläge anderer sind oft Aussagen über deren eigene Bedürfnisse. Der Mann in der Einleitung hat selbst ein Problem mit Kontrollverlusten und gibt dir deshalb den Rat. Wenn du ihn direkt zurückweist, kann er wieder einen Kontrollverlust empfinden und das mit für ihn fehlender Wertschätzung vermischen. Das kann er am Ende sogar als Angriff verstehen. Den Angriff gegen dich sieht er übrigens nicht.

Es gibt verschiedene Möglichkeiten, darauf zu reagieren. Wichtig ist erst mal, dass du dich nicht angegriffen fühlst. Dem Mann geht es in dem Moment nur um seine Gefühle. Du kannst also auf seinen Satz Folgendes antworten:

„Da pass ich schon auf", gefolgt von einem lockeren Augenzwinkern.

„Ach, ich bin ja froh, dass er heute so aus sich herauskommt. Er ist sonst so schüchtern."

„Oh ja, da muss man aufpassen. Zum Glück ist das bei uns kein Thema."

Tipp 2: Beziehung statt Kontrolle

Da wir wissen, dass wir keine Angst vor einem Tanz auf unserer Nase haben müssen, können wir nach echter Wirksamkeit suchen. Die hat übrigens auch der Mann in eurem Gespräch gesucht. Da er auf keinen Fall auf irgendwelchen Nasen tanzen durfte, wurde ihm dieses Geheimnis nicht offenbart. Die Rede ist von unserer Beziehung. Die Beziehung zu deinem Kind entscheidet nämlich darüber, wie wirksam du bist. Mit den Sätzen im Kasten zeigst du Empathie und dein Sohn kann deine Situation durch deine Augen sehen.

BEZIEHUNG STATT KONTROLLE – DAS KANNST DU ZU DEINEM SOHN SAGEN

„Ich hoffe, du hast gerade großen Spaß. Ich habe hier auch gerade eine sehr interessante Unterhaltung. Wenn du das nächste Mal ankommst, tippe mir doch bitte zuerst an die Schulter."

„Ich freue mich, dass du so viel Spaß hast heute. Ich habe gerade auch viel Spaß. Meinst du, du könntest jetzt erst mal mit den anderen Kindern spielen? Ich bin dann später wieder für dich da."

Tipp 3: Sich mit dem Ratschlag versöhnen

So eine Aussage kann wehtun. Sie kann sich nach Angriff, nach Übergriffigkeit, nach fehlender Wertschätzung oder fehlendem Respekt anfühlen. Wie du ja jetzt weißt, ist der Ratschlag weniger für dich und hat eher was mit den Bedürfnissen und Werten der anderen Person zu tun. Er kann aber trotzdem in dir etwas auslösen. Hier ein paar Sätze, die du dir selbst sagen kannst, um dich zu unterstützen:

Alles, was du mit deinem und für dein Kind tust, tust du nach bestem Wissen und Gewissen. Du gibst dein Bestes und das reicht.

Pädagogisch sinnvoll zu handeln, bedeutet nicht, perfekt zu sein. Du darfst Fehler machen, jeden Tag.

Das Band zwischen dir und deinem Kind ist für euch. Das muss niemand verstehen, gut oder schlecht finden oder kritisieren.

Ungefragte Ratschläge von anderen Eltern

Da sitzt ihr nun in eurem gemütlichen Wohnzimmer mit Kaffee und Keksen auf der Couch und habt einen entspannten Nachmittag. Du hast dich sehr auf den Austausch gefreut. Ein Pärchen, ihn kennst du noch aus der Schulzeit, ist mit seinen drei Kindern bei euch zu Besuch. Ihr unterhaltet euch über früher und was wer so in den letzten Jahren gemacht hat, beruflich, privat, Hobbys, das Übliche.

Dein Sohn spielt mit den anderen Kindern. Auch wenn sie für sich spielen und ihr in eurer Unterhaltung seid, kriegt ihr mit, was dort passiert. Da wird Spielzeug verliehen oder eben nicht, verhandelt, wer was möchte und das alles durcheinander. So wie Kinder eben sind. Plötzlich scheint die Stimmung zu kippen. Die Frau deines alten Schulfreundes fängt an, das Verhalten der Kinder anzusprechen. Das ist erst mal kein Problem. Schließlich hilft es dir auch immer wieder, dich mit anderen Eltern auszutauschen. Dabei belässt sie es aber nicht und schon steht er mitten im Raum und ist schwer zu ignorieren: der Ratschlag.

Sie scheint nämlich nicht nur zu wissen, wie es geht, sie scheint es sogar besser zu wissen. In kürzester Zeit fliegen dir „gut gemeinte Ratschläge“ zu. Suche dir gerne was aus:

„Ihr habt ja ganz schön viel Plastik im Kinderzimmer. Also, wir kaufen ja nur noch Holzspielzeug.“

„Gebt ihr diese Kekse auch euren Kindern? Die sind ja lecker, aber die Zusatzstoffe …“

„Ihr habt einen Fernseher und einen Laptop im Wohnzimmer rumstehen und euer Smartphone liegt auch offen auf dem Couchtisch. Das ist ja ganz schön viel Technik in Gegenwart eurer Kinder …“

Alles viel besser für die Entwicklung des Kindes, neurobiologisch getestet und wer das anders macht, dürfte sowieso keine eigenen Kinder haben, so die Aussage zwischen den Zeilen.

Du fühlst dich nicht bloß bevormundet, du fühlst dich auch bewertet und angegriffen. Was soll das? Wieso hättet ihr nicht einfach bei Kaffee und Keksen über früher, heute und die Zukunft sprechen können? Wieso bist du auf einmal vor dem „Erziehungsgericht“ und fühlst dich so, als ob du dich rechtfertigen müsstest? Und dafür hast du die guten Kekse aufgemacht.

Natürlich siehst du, dass das nur Gerede ist. Aber ihre drei Kinder verhalten sich gut und du fängst an zu überlegen, ob und was du vielleicht doch mit deinem Kind falsch gemacht hast. Du bist völlig überfordert mit der Situation und der Wut aufgrund der Ungerechtigkeit, die du empfindest. Und was jetzt?

Was passiert hier?

Erst mal vorweg: Situationen wie die in der Einleitung kennen die meisten Eltern. In der Regel haben Eltern nicht Pädagogik studiert oder Erziehung in der Berufsschule gelernt. Schon gar nicht ihre Eltern, von denen sie sich das meiste abgeguckt haben oder ins genaue Gegenteil gegangen sind. Eltern dürfen Fehler machen, übrigens auch gelernte Fachkräfte. Es geht nämlich nicht ums Perfektsein. Es geht um Erziehung.

In der kleinen Vorgeschichte befinden sich noch andere Elemente, die Eltern im Alltag immer wieder entgegengeschleudert bekommen. Da ist diese klare und deutliche Überzeugung, mit der die Mutter der drei Kinder ihre Aussagen macht. Menschen neigen dazu, das mit Kompetenz zu verbinden. Aber jede und jeder kann klare und deutliche Aussagen machen, egal was für einen Blödsinn diese inhaltlich darstellen. Außerdem gibt es auch nicht **DIE** in Stein gemeißelte Pädagogik. Nichts ist immer richtig und alles ist immer von der betreffenden Situation abhängig. Das fängt schon bei der Ernährung an: Nicht jedes Kind mag alles, was es essen sollte, wir Erwachsenen doch auch nicht. Da sucht man eben nach individuellen Lösungen.

Hinzu kommt, dass es Menschen gibt, die Aussagen so schlüssig und überzeugt rüberbringen können, dass kein Zweifel möglich ist. Solche Menschen geben dir das Gefühl, deinen Job als Mama oder Papa nicht richtig zu machen. Du glaubst, dass dein Weg falsch ist und du das auch viel früher hättest sehen müssen. Das macht weder Spaß noch ist es hilfreich für dein Kind. Mit diesen drei Tipps kommst du aus der Negativschleife raus:

Tipp 1: Dein Kind steht im Zentrum, nicht die anderen Eltern

Alles, was du tust, ist für dein Kind, zumindest was die Erziehung betrifft. Auch wenn andere Eltern Kritik üben, sollte dieser Ansatz dein Kompass sein. Überlege, wie du dein Kind am besten unterstützen und ihm Neues beibringen kannst. Was andere Eltern dann darüber denken, hilft dir und deinem Kind nicht. Sie kennen eure Beziehung auch oft nicht gut genug, um zu beurteilen, was deinem Kind wirklich guttut, wo es noch nicht so weit ist und wo es schon viel weiter ist. Das nehmen wir gleich in Tipp 2 noch mal auf.

Wichtig ist für dich, dass du diesen ratgebenden Eltern nicht zu viel Macht und ihren Ratschlägen keinen zu großen Platz in deinem Leben gibst. Ja, du kannst dir das alles anhören. Du musst es aber nicht gleich als Wahrheit akzeptieren, nicht mal, wenn du in diesem Moment noch nicht klar hast, warum du die Ansicht nicht teilst. Bleibe bei dir und deinem Kind.

Tipp 2: Alle Kinder sind anders

Das ist ein quatschiger Titel für einen Tipp. Wenn alle anders sind, ist es ja wieder keiner. Er zeigt aber ganz gut die Haltung gegenüber Menschen, die wir in der Erziehung und meiner Meinung nach auch in unserer Gesellschaft brauchen. Es gibt unendlich viele Statistiken, wie der typische Verlauf der Entwicklung eines Kindes ist. Für alles gibt es Normen. Wann sollte ein Kind was gelernt haben, was sollte es in welcher Situation können und wie hoch sind die Wahrscheinlichkeiten für Dinge, die noch gelernt werden?

Das alles ist auch Teil von pädagogischen Ausbildungen. Da geht es um die frühkindliche Entwicklung, um Stufenmodelle und wann Kinder was können sollen. Auch für Fachkräfte ist es aber wichtig, trotz dieser Modelle und Statistiken jedes Kind einzeln zu sehen. Denn jedes Kind hat ein eigenes Lerntempo, eigene Lösungsstrategien und eigene Sichtweisen. Es kann einige Dinge vielleicht weniger gut als andere in seinem Alter und wiederum andere Dinge überdurchschnittlich gut. Das Spannende als Fachkraft ist, das alles herauszufinden und mit dem Kind eine Beziehung einzugehen. Das Ganze ist als Mutter oder als Vater mit dem eigenen Kind noch mal um ein Vielfaches spannender. Mein Tipp an dich ist, das zu genießen. Entdecke dein Kind, denn es ist anders als die anderen Kinder, so wie jedes Kind. Dabei wünsche ich dir ganz viel Spaß.

Tipp 3: Das relativieren wir einfach …

Wenn dich nun aber immer noch die Aussagen, Wertungen und Ratschläge anderer Eltern stören, dann relativiere sie. Das machst du, indem du einzelne Aussagen immer mit anderen Aussagen der Person zusammen betrachtest. Dabei ist wichtig, dass diese aus möglichst vielen verschiedenen Gesprächen gesammelt sind. Das dürfen Situationen sein, in denen diese Eltern sehr stark und klar rüberkommen, aber auch Momente, in denen etwas mal nicht so geklappt hat, wie sie sich das vorgestellt haben. Denn diese Momente gibt es auf jeden Fall bei allen Eltern. Es geht dabei nicht darum, diese Menschen vor deinem inneren Auge schlecht zu machen. Es geht darum, sie als das zu sehen, was sie sind: Sie sind auch nur Menschen und haben die Weisheit nicht mit Löffeln gefressen.

So kannst du ihre Aussagen relativieren und merkst, dass sie vielleicht gar nicht so falsch sind, aber eben auch nicht immer und automatisch richtig. Das sorgt für Entspannung bei dir und so kannst du auch wieder lockerer mit ihnen ins Gespräch kommen. So war es bisher meistens bei mir. Und dadurch, dass ich entspannter war, konnten die anderen auch entspannter werden. Dann zeigen sich vielleicht auch die Beweggründe des anderen Elternteils für seine ungefragten Ratschläge: Vielleicht hat die Mutter ein Problem mit Machtlosigkeit. Also muss sie immer möglichst viel Kontrolle über die Situation haben. Und da hilft es natürlich enorm, wenn sie sich unumstößliche goldene Regeln bastelt. Die helfen nur dem Kind nicht. Und unserem Kind zu helfen, das ist ja unser Ziel.

Er soll sich entschuldigen? Geht doch gar nicht ...

Dein Sohn hatte Streit. Es hat einem anderen Kind etwas weggenommen oder dem anderen Kind wehgetan. Für dich geht das gar nicht. Vielleicht ist dir das Verhalten deines Sohnes sogar peinlich. Du bist dir sicher: So läuft das nicht!

Du forderst deinen Sohn auf, sich zu entschuldigen. Er guckt das andere Kind an und sagt emotionslos „Tschuldigung“. Du merkst, dass sich dadurch nichts ändert. Du würdest am liebsten noch anfügen: „Und jetzt mein’ das auch so!“ Irgendwie kommt dir die Entschuldigung sinnlos vor. Dabei willst du doch bloß, dass dein Kind so was nicht mehr macht und die Sache wieder in Ordnung bringt. Aber wie könnte das besser funktionieren?

Was passiert hier?

Anstatt über den Streit zu diskutieren und alles auf den Tisch zu packen, soll er einfach nur gelöst werden. Dein Sohn zeigt ein Verhalten, was für dich nicht okay ist. Es geht gegen deine Werte und du möchtest das ändern. Dein Sohn hat aber aus seiner Sicht einen guten Grund, warum er so gehandelt hat. Die Situation ist sehr verwirrend für dich und artet vielleicht in einen Machtkampf aus.

Woher haben wir eigentlich unsere Werte und vor allem von wem? Häufig kommt da unser Elternhaus auf den Plan. Du hast vielleicht selbst gelernt: Wenn man etwas Schlechtes getan hat, dann entschuldigt man sich. Aber ist das wirklich immer so sinnvoll? Gibt es da nicht einen besseren Weg?

Tipp 1: Warum kann man sich nicht entschuldigen?

Wusstest du, dass man sich in der Regel gar nicht entschuldigen kann? Wenn wir jemand anderem geschadet haben und uns damit Schuld aufgeladen haben, dann können wir uns die nicht selbst nehmen. Entschuldigen kann uns nur der, dem wir etwas angetan haben. Nur diese Person kann die Schuld von uns nehmen. Deshalb ist „Entschuldigung" auch keine Aussage, sondern eine Bitte. Das ist oft der Grund, warum Kinder im Kita-Alter das Wort wie ein Zauberwort lernen. Ich sage „Entschuldigung" und damit ist doch alles okay. Was will der andere denn noch von mir? So eine Entschuldigung ist oft nicht ernst gemeint. Ich gehe sogar noch einen Schritt weiter, was uns zu Tipp 2 führt.

Tipp 2: Schuld und Scham führen uns nirgendwo hin

Wir sind fast alle so erzogen: Wer „Mist baut“, muss sich schuldig fühlen. Das Problem ist, dass ich eine Erwartungshaltung dem gegenüber habe, der „schuldig ist“. Ich möchte, dass er die Sache wieder in Ordnung bringt. Doch Schuld und Scham sind keine emotionalen Zustände, die uns Kraft für Veränderung geben. Ganz im Gegenteil. Sie engen ein und unterstützen nicht den Prozess, den wir uns wünschen.

Schuld und Scham sind Emotionen, mit denen unsere Eltern oder deren Eltern gearbeitet haben, weil sie es nicht besser wussten. Dort wurde mehr mit Kontrolle statt mit Unterstützung erzogen. Und dafür ist Schuld sehr gut. Wer sich schuldig fühlt, ist viel besser zu kontrollieren. Aber wir wollen unseren Sohn nicht kontrollieren. Wir wollen etwas anderes.

Tipp 3: Ja, wie denn dann?

Wenn dein Sohn etwas tut, was nicht in Ordnung ist, dann wünschst du dir zwei Dinge: Verantwortungsübernahme und Wiedergutmachung. Gerade die Wiedergutmachung ist ein kreativer Prozess, bei dem ihn die Schuld sehr stark behindern würde. Gehe in so einer Situation in folgenden Schritten vor.

VERANTWORTUNG STATT SCHULD – DAS KANNST DU DEINEN SOHN FRAGEN

Frag ihn: „Das wolltest du nicht, oder?"
Du bekommst in der Regel ein „Nein, das wollte ich nicht."

Du fragst weiter: „Was können wir jetzt tun?"

Natürlich geht es darum, was ER jetzt tut. Wenn du von WIR sprichst, zeigst du ihm damit aber deine Solidarität. Das ist sehr wichtig für ihn und motiviert ihn im „Team Lösung" zu spielen und nicht im „Team Problem".

Wenn er das geschafft hat, die Verantwortung übernommen und mit deiner Hilfe die Wiedergutmachung geleistet hat, dann wird abgefeiert! Es muss keinen negativen Nachgeschmack geben.

Was sagt man da? Bitte und Danke

Heute Nachmittag ist Besuch da. Oma und Opa sind vorbeigekommen. Ihr habt es euch gemütlich gemacht, die Erwachsenen unterhalten sich und dein Sohn möchte spielen. Oma und Opa haben ihm etwas zum Spielen mitgebracht. Dein Sohn packt es aus und freut sich über den Feuerwehrmann für das neue Feuerwehrauto.

Er will gleich in sein Zimmer rennen und die Figur ins Auto stecken. Doch da wird die Situation durch eine Frage unterbrochen. Die Oma fragt nach der Geschenkübergabe: „Was sagt man da?" Dein Sohn guckt etwas verlegen und irritiert. Er spürt, dass irgendwas von ihm erwartet wird. Er soll irgendwas machen oder sagen. Doch welcher Zauberspruch würde diese Situation auflösen?

Als ihr das letzte Mal bei Oma und Opa zu Besuch wart, kam diese Frage, nachdem dein Sohn am Tisch den Nachtisch haben wollte. Da war das Zauberwort „Bitte". Bevor er etwas sagen kann, beantwortet die Oma schon selbst die Frage und sagt: „Da sagt man Danke", und lächelt deinen Sohn an.

Eigentlich ist das keine schlimme Situation. Auch Oma und Opa sind ganz entspannt und wollen ins gemütliche Beisammensein übergehen. Dir schießen jedoch verschiedene Fragen durch den Kopf: Muss mir das peinlich sein, wenn mein Sohn nicht von selbst Bitte und Danke sagt? Ist er jetzt nicht alt genug, dass er das können müsste? Macht er das auch nicht, wenn ich nicht dabei bin, im Kindergarten zum Beispiel? Gucken wir uns das doch mal genauer an.

Was passiert hier?

Wir, unsere Generation, haben die Werte und Verhaltensweisen der vorigen Generation, unseren Eltern, übernommen. Manche Verhaltensweisen haben wir auch abgelehnt und sie verändert. Wir wissen heute zum Beispiel, dass ein Klaps auf den Po nichts mit Erziehung zu tun hat, sondern einfach nur Gewalt ist. Bei Strafen sind wir auch schon weiter. Da beginnen wir zu verstehen, dass sie keinen Sinn ergeben und Situationen grundsätzlich verschlechtern. Das wissen aber auch noch nicht alle.

Die Etikette, also wie wir uns in Gesellschaft verhalten, haben wir häufig übernommen. Wenn man etwas haben möchte, dann verlangt man in der Regel nicht, sondern bittet darum. Wenn man etwas bekommt, dann bedankt man sich. Das gilt in unserer Gesellschaft als höflich. Und wenn du mich fragst, dann finde ich das so auch richtig. Wir drücken durch solche Rituale unsere Wertschätzung aus.

Allerdings haben unsere vorigen Generationen einen entscheidenden Fehler gemacht, durch den das Ganze nicht richtig funktioniert. Wenn ich mich bedanke, dann sollte das in Dankbarkeit passieren. Wenn ich nur leere Worte benutze und „Danke“ als eine Art Zauberwort verwende, dann verschwindet der emotionale Bezug. Damit meine ich, dass wir auch Dankbarkeit fühlen sollten, wenn wir Danke sagen. Wenn wir unseren Kindern das Ganze wie ein Spiel beibringen, ohne Gefühle und Emotionen, dann lernen sie es nicht richtig. Es ist dann zu abstrakt und theoretisch für sie und sie können ihre Gefühle nicht richtig entwickeln. Es wird also zu einem falschen Spiel. Doch wie geben wir diese Höflichkeits-Etikette in einer guten Form an unsere Kinder weiter?

Tipp 1: Erkläre deinem Sohn das Spiel

Erkläre deinem Sohn, was man in welcher Situation macht und wie man sich verhält. Auch das Warum ist wichtig, wie ich schon beschrieben habe.

„Wenn du etwas bekommst, dann kannst du dich dafür bedanken. Du zeigst damit, dass du dich darüber freust. Wenn du dann Freude und Dankbarkeit empfindest, kannst du dem, der dich beschenkt hat, Freude zurückgeben."

„Wenn du etwas haben möchtest, dann kannst du mit einem ‚Bitte' darum bitten. Du zeigst damit deinen Wunsch und dass du dich freuen würdest, wenn du es bekommst."

Tipp 2: Dankbarkeit leben

Wenn du ihm das Spiel erklärst, dann ist es sehr wichtig, dass du ihm zeigst, wie er Bitte und Danke mit Emotionen verbindet. Wenn er um etwas bittet, dann sollte er das auch fühlen, und wenn er Danke sagt, dann sollte er auch dankbar sein. Dafür kannst du ihm verschiedene Fragen stellen:

DANKBARKEIT ERSPÜREN – DAS KANNST DU DEINEM SOHN SAGEN

„Wie hast du dich gefühlt, als dein Freund dir etwas zum Geburtstag geschenkt hat?"

„Wann warst du mal so richtig dankbar?"

„Wofür bist du in deinem Leben dankbar?"

„Wenn du jemanden um etwas bittest, fällt dir das leicht?"

„Wolltest du auch schon mal um etwas nicht bitten und es einfach haben?"

„Wenn du dankbar bist, wo fühlst du das in deinem Körper? Wie fühlt sich das an?"

Wenn du das gemacht hast, dann kannst du das Ganze mal umdrehen. Du kannst deinen Sohn darum bitten, sich in die andere Person zu versetzen. Dann kannst du fragen:

„Was meinst du, wie dein Freund sich gefühlt hat, als er dir etwas zum Geburtstag geschenkt hat? Wie war es wohl für ihn, als du dich so voller Freude bedankt hast?"

„Als du gestern unseren Nachbarn um Hilfe gebeten hast, meinst du, dass er sich da gefreut hat? Was meinst du, wie er sich da gefühlt hat?"

Tipp 3: Als Vorbild dienen

Wenn du ihm nun das Spiel erklärt und mit seinen Emotionen und Gefühlen verbunden hast, dann zeige ihm, wie das am Ende aussieht. Sei das Vorbild. Mache genau das, was du ihm gezeigt hast, selbst. Das brauchst du gar nicht zu übertreiben. Je natürlicher du in deinem Alltag danach handelst, desto einfacher wird es für ihn sein, das Prinzip zu übernehmen.

Das bedeutet aber auch, wenn du das Prinzip selbst nicht lebst, wird er Schwierigkeiten haben, es von dir zu lernen. Das, was du von ihm erwartest, sollte zuerst von dir kommen.

Um das Ganze besser lernen zu können, kannst du ihn an deinen Gedanken teilhaben lassen, zum Beispiel heute Abend im Bett.

„Als ich heute von jemandem zum Essen eingeladen wurde, da habe ich mich richtig wohlgefühlt. Ich war sehr dankbar."

„Heute Mittag beim Essen war ich sehr genervt. Da fiel es mir sehr schwer, um die Kartoffeln zu bitten."

„Heute Morgen habe ich zwei Brötchen extra vom Bäcker bekommen. Als ich mich sehr höflich bedankt habe, da hat das die Verkäuferin richtig gefreut. Was meinst du, was sie mit dieser Freude gemacht hat?"

Du Petze!

Du bist mit Freunden auf dem Spielplatz. Eure Kinder flitzen über das Gelände, schaukeln dreimal bis zur Sonne und bauen die schönsten Sandburgen im Sandkasten. Es läuft. Du freust dich, dass du endlich mal ein bisschen Zeit hast, mit deinen Freunden zu quatschen. Leider dauert es nicht lange, bis ihr das erste Geschrei hört. Alle Kinder kommen gleichzeitig angerannt und noch bevor alle da sind, hörst du den Sohn von einem deiner Freunde laut rufen. Er zeigt auf deinen Sohn und sagt laut: „Der hat dem anderen Mädchen die Schaufel geklaut!" Die Mutter des Jungen stellt sofort klar, dass hier nicht gepetzt wird. Der Junge ist sichtlich enttäuscht. Es scheint ihn tatsächlich stark zu stören, was da grade passiert ist.

Das eigentliche Problem ist schnell geklärt. Es war ein Missverständnis. Und so spielen die Kinder weiter und ihr könnt euch wieder unterhalten. Du denkst allerdings immer wieder an den Jungen, der gepetzt hat. Du magst eigentlich keine Petzen. Aber irgendwie schien da mehr bei ihm dahinterzustecken. Lass uns da mal genauer hinschauen.

Was passiert hier?

Wir mögen keine Petzen. Das Petzen ist in unserer Gesellschaft verpönt. Das hat für uns etwas mit Verrat und manchmal auch fehlender Loyalität zu tun. Bei diesem Thema gibt es allerdings einen springenden Punkt, durch den man das ganze Thema besser versteht. Meiner Meinung nach ist Petzen der Begriff dafür, wenn eine Person eine andere Person verrät, damit diese dann eine Strafe bekommt. Dabei ist die petzende Person nicht Teil der Situation. Sie ist ein Zaungast, der einfach nur gerne etwas brennen sieht.

Anders verhält es sich mit einer Person, die von der anderen Person schlecht behandelt wurde. Sie verrät diese Person, weil sie von ihr geschädigt, geärgert, verletzt oder bedroht wird. In diesem Fall können wir von Selbstschutz reden.

Für uns ist es also in Ordnung, wenn ein Kind das andere verrät, weil es sich damit selbst schützt. Es wehrt sich gegen das andere Kind. Wenn ein Kind nichts mit dem anderen Kind oder dessen Verhalten zu tun hat, empfinden wir das als Petzen. Das ist nicht in Ordnung.

Was ist aber mit einem Kind, das ein anderes verrät, das nicht aufgeräumt oder eine Regel verletzt hat? Hier tippen wir sehr schnell auf Petzen. Tatsächlich gibt es aber hier, meiner Meinung nach, zwei Möglichkeiten.

Möglichkeit A
Das Kind verpetzt das andere Kind wegen eines Regelbruchs. Der Regelbruch betrifft das petzende Kind weder inhaltlich noch emotional. Es hat nichts damit zu tun. Hier würde ich von Petzen sprechen.

Möglichkeit B
Das Kind verpetzt den Regelbruch eines anderen Kindes. Der Regelbruch hat keine direkten Auswirkungen auf das petzende Kind. Es wurde ihm weder etwas weggenommen, noch wurde das Kind angegriffen. Dem Kind ist jedoch das Regelwerk sehr wichtig. Es bedeutet Sicherheit für das Kind, ein Grundbedürfnis. Wird jetzt eine der Regeln gebrochen und nichts passiert, dann fühlt sich das Kind nicht mehr sicher. Hier steht das Kind für sich ein und kämpft für sich. In diesem Fall würde ich nicht von Petzen sprechen. Das ist für mich reiner Selbstschutz.

Um das Ganze besser in deinen Alltag zu integrieren, kommen hier drei Tipps für dich.

Tipp 1: Nicht so schnell

Ich erlebe es oft, dass in Petzsituationen sehr schnell geurteilt wird. Wir Erwachsenen haben meist direkt eine Idee, wer gerade „mal wieder“ die Petze ist und das wollen wir schnell klarstellen. Bevor das Kind zu Ende erzählen kann, winken wir schon ab oder unterbrechen es. Nimm dir drei Sekunden, um genauer hinzuschauen und zu beurteilen, welche Situation gerade stattfindet. Du kannst die vermeintliche Petze auch direkt fragen:

PETZE? – DAS KANNST DU DEINEN SOHN FRAGEN

„Warst du dabei, als das passiert ist?"

„Und wie steckst du da mit drin? Warum interessiert dich das?"

„Was sollte ich jetzt deiner Meinung nach tun, damit alles wieder gerecht wird?"

Das Wichtige ist nämlich, herauszufinden, wie unsere Petze sich in der Situation fühlt. Und damit kommen wir zum nächsten Tipp.

Tipp 2: Wie fühlt er sich damit?

Es gilt herauszufinden, was ich in der Erklärung schon angesprochen hatte: Hängt unsere Petze mit in der Situation oder will sie einfach nur zugucken, wie die Situation jetzt hochgeht? Ist ihr eigentlich total egal, was gerade passiert ist, oder kommt sie nicht damit klar, was das andere Kind gemacht hat? Auch wenn dein Sohn am Ende die Petze ist, findest du es besser heraus, wenn du erst mal wohlwollend ihm gegenüber bist. Ihn verurteilen kannst du später immer noch. Und das bringt uns zu Tipp Nummer drei.

Tipp 3: Viel begleiten, wenig richten

Versuche, in dieser Situation nicht zu schnell zu richten. Wir Erwachsenen wollen oft sofort entscheiden, Richter spielen und bestimmen, was jetzt passiert. Wir dürfen uns viel öfter etwas zurücknehmen, moderieren und einfach nur Fragen stellen. Wie oft kommt von uns ein „Das machen wir jetzt SO ..." statt ein „Wie wollen wir das jetzt machen?" oder ein „Das ist gemein, was du gemacht hast!" statt ein „Und, wie findest du das?" Wir sind nicht immer gleich die Richter, wir sind Begleiter und unterstützen die Verhandlung.

Angeben und Lügen

Eine Bekannte hat euch erzählt, dass sie einmal in der Woche mit ihrem Sohn zum Turnen geht. Das wäre ja so gut für die Entwicklung. Er würde motorisch so viel dazulernen und auch für das soziale Miteinander wäre das super. Dich interessiert vor allem die Möglichkeit, dass dein Sohn sich da mal so richtig auspowern könnte. Ein Telefonat mit der Trainerin später steht ihr in der Halle und kämpft euch über einen Parkour von Geräten. Ihr hüpft und springt, robbt und rollt. Na ja, eigentlich macht das nur dein Sohn und du begleitest ihn dabei. Er findet es richtig super. „Ich bin der Größte!“ und „Ich bin der Beste!“, schallt es aus ihm heraus. Zuerst ist dir das nur ein bisschen unangenehm. Du lächelst es einfach weg. Als aber am Ende gefragt wird, was die Kinder alles geschafft haben, fängt er plötzlich an zu lügen. Seiner Aussage nach hat er alles geschafft, als Erster und am besten. Das findest du nicht mehr okay. Du weist ihn zurecht und sagst ihm, dass er nicht lügen soll. Ehrlichkeit ist dir sehr wichtig und das möchtest du auch deinem Sohn mitgeben. Auf dem Nachhauseweg fragst du dich, woher er das hat. Warum macht er das? Schauen wir uns doch mal genauer an, was da los ist.

Was passiert hier?

Angeben und Lügen sind Verhaltensweisen, die wir in unserer Gesellschaft nicht gerne sehen. Sie entsprechen nicht unseren Werten. Deshalb denken viele Erwachsene, sie müssen das ihren Kindern sofort verbieten und wollen sich diesem Verhalten gegenüber abgrenzen. Sie wollen hier sofort wieder die Kontrolle übernehmen und sprechen Verbote aus, statt zu fragen, welchen Sinn das Angeben und Lügen haben könnte.

Warum lügt dein Sohn in so einer Situation?

Schauen wir erst mal, was für eine Situation wir hier haben. Dein Sohn lügt nicht, weil er einer Strafe entgehen will. Er lügt auch nicht, weil er etwas haben will und weiß, dass er das so bekommt. Er lügt, weil er seine Situation verändern will. Lügen, auch wenn wir es aus gutem Grund ablehnen, ist ein Zeichen von Intelligenz.

Mit Lügen versuchen wir, eine Situation zu unseren Gunsten zu verändern. Wir geben falsche Informationen weiter, auf die unser Umfeld und die Menschen um uns herum entsprechend reagieren. Viele Jungs, mit denen ich gearbeitet habe, logen, um sich besser darzustellen. Sie erzählten davon, dass sie das Spiel gewonnen hätten oder dass sie etwas viel besser konnten, als es eigentlich der Fall war. Sie versuchten damit, die Situation durch ihre Erzählungen zu verändern. Das geschieht nicht aus Bösartigkeit, sondern aus dem Wunsch heraus, größer, besser oder heldenhafter zu sein, als sie es sind.

Warum gibt dein Sohn in so einer Situation an?

Beim Angeben in so einer Situation ist das ganz ähnlich. Dein Junge trainiert nicht, damit er am Wochenende beim Handballturnier ein paar Tore wirft. Er trainiert, weil er ganz offensichtlich mal der beste Handballer der Welt sein wird. Er trainiert auch nicht das Balancieren, weil es ihm einfach nur Spaß macht. Er trainiert es, weil er mal der beste Hochseilkünstler im größten Zirkus der Welt sein wird. Für uns geht das gegen Werte wie Bescheidenheit oder Demut. Tatsächlich kann er so eine große Motivation und Energie entwickeln, um dann eben doch die Tore zu werfen oder besser zu balancieren. Es geht dabei nicht darum, das Ziel wirklich zu erreichen. Er glaubt das und es ist auch wichtig, dass er das glaubt. Sonst entwickelt er nicht so viel Energie, um seine Ziele zu erreichen. Die Frage ist natürlich, wie wir damit umgehen. Dazu biete ich dir drei Tipps an.

Tipp 1: Was macht das mit dir und deinen Werten?

Wie schon in der Erklärung angesprochen, macht das Thema etwas mit unseren Werten. Nimm dir mal die Zeit und überprüfe, welche deiner Werte von dem Verhalten deines Sohnes angegriffen werden. Hier mal ein paar Möglichkeiten:

- Dankbarkeit
- Ehrlichkeit
- Gerechtigkeit
- Loyalität
- Mäßigkeit
- Neidlosigkeit
- Ordnungsliebe
- Respekt
- Solidarität

Vielleicht findest du noch andere Werte. Wenn du diese gefunden hast, dann überprüfe, warum es in dieser Situation sinnvoll sein könnte, dass dein Sohn andere Werte wählt. Welche könnten das sein?

- Vertrauen
- Freiheit
- Abenteuer
- Furchtlosigkeit
- Anerkennung
- Leistungsfähigkeit
- Begeisterung
- Respekt
- Selbstbestimmung
- Beliebtheit
- Erfolg

Es geht nicht darum, das Verhalten deines Sohnes gut zu finden. Es geht darum, den guten Grund dafür zu finden, warum er das macht. Wenn du diesen gefunden hast, bist du nicht mehr so gegen das Verhalten deines Sohnes. Du findest es nicht gut, aber du siehst, warum es in seinen Augen Sinn ergibt. Jetzt kannst du viel einfacher in den Austausch mit ihm gehen. Du würdest ihm sonst nicht zuhören und ihn nur überreden wollen, dass er unrecht hat. Das würde ihn wiederum dazu bringen, dir nicht mehr zuzuhören. Er kann dann nur das machen, was du willst oder dagegen rebellieren. Unser Ziel ist es ja, dass er selbst die richtige Entscheidung trifft.

Tipp 2: Spiele mit seinen Aussagen

Hinterfrage seine Aussagen einfach. Du sollst damit nicht ihn hinterfragen, nur das, was er tut. Am Ende soll er auch nicht gleich „das Richtige" tun. Er soll sich nur gedanklich damit auseinandersetzen. Und dafür sind Fragen immer gut. Diese dürfen übrigens auch gerne mit einem Schmunzeln rübergebracht werden.

ANGEBEN UND LÜGEN – DAS KANNST DU DEINEN SOHN FRAGEN

„Bist du jetzt der Beste oder der Allerbeste?"

„Eben hat der Würfel doch noch eine Zwei gezeigt. Wieso ist da jetzt eine Sechs? Darf ich dann meinen Würfel auch auf eine andere Seite drehen?"

„Du kannst den Ball bis zum nächsten Dorf werfen? Wie lange müsstest du denn trainieren, um den Ball drei Dörfer weiterzuschmeißen?"

Tipp 3: Zeige ihm Alternativen

Natürlich kannst du deinem Sohn sagen, dass er nicht lügen oder angeben soll. Wenn das bei ihm aber ein größeres Thema ist, dann hilft es immer, den eigentlichen Grund herauszufinden. Warum muss er sich über andere erheben? Hat das vielleicht schon mal jemand mit ihm gemacht? Warum erklärt er sich immer zum Sieger? Empfindet er Gewinnen als den einzig wichtigen Wert in einem Spiel? Wenn dem so ist, zeige ihm Alternativen. Wenn ihr ein Spiel spielt, dann zeige ihm, wie man den Spaß am Spiel erlebt. Natürlich wollt ihr gewinnen. Aber ein Spiel, bei dem vorher schon klar ist, dass man gewinnt, macht keinen Spaß. Vielleicht macht ihm das aber doch Spaß. Dann geht es ihm bei dem Spiel um etwas ganz anderes. Vielleicht braucht er Sicherheit. Dann kannst du schauen, wie du ihm diese geben kannst. Probiere dich aus. Mit jeder Erfahrung kommst du ein Stück weiter.

Wichtig: Es mag der Eindruck entstanden sein, dass es völlig in Ordnung ist, zu lügen und anzugeben. Nein. Besonders, wenn man sich damit über andere stellt oder diese sogar verletzt. Das ist definitiv nicht in Ordnung und das darfst du ihm auch sagen. Ich habe nur die Erfahrung gemacht, dass man mit einem Stopp allein nicht die Ursache des Problems herausfindet und angeht. Aber dafür hast du ja jetzt schon mal drei Tipps.

Er will nicht teilen

Ihr habt Besuch. Ein befreundetes Pärchen ist bei euch und hat seinen Sohn mitgebracht. Der Sohn ist ein gutes Jahr jünger als dein Sohn. Ihr seid alle im Wohnzimmer, wo sich die Erwachsenen unterhalten und die Kinder spielen. Die Unterhaltungen sind interessant und du freust dich über den Austausch und das Miteinander. Die Kinder spielen mal zusammen und mal nebeneinander.

Als eure Unterhaltung so richtig läuft, gibt es plötzlich Streit zwischen den Kindern. Der Sohn deines Besuchs weint, weil er wohl gerne etwas hätte, womit aber gerade dein Sohn spielt. Abgesehen davon, dass dein Sohn das Spielzeug zuerst hatte, gehört ihm das auch.

Dir ist unwohl bei der Situation. Du möchtest vor dem Besuch nichts falsch machen, willst aber auch nicht ungerecht zu deinem Sohn sein. Vielleicht versuchst du zunächst deinen Sohn zu überreden, das

Spielzeug mit dem anderen Jungen zu teilen. Im Gesicht deines Sohnes steht allerdings dick und fett geschrieben: „Das Spielzeug gebe ich auf gar keinen Fall her!“

Das kannst du verstehen. Es ist schließlich sein Spielzeug. Andererseits hat er schon seit Wochen nicht mehr damit gespielt und es scheint erst jetzt wieder interessant zu sein, wo der andere Junge damit spielen will. Dir schießen verschiedene Fragen durch den Kopf. Was denken die anderen Eltern von dir? Darfst du über das Spielzeug deines Jungen entscheiden? Wenn er nie etwas abgibt, wie lernt er dann Teilen? Was ist hier die richtige Entscheidung? Hört der andere Junge jetzt endlich mal mit dem Geweine auf?

Was passiert hier?

Auch in dieser Situation gibt es wieder die „Blicke von außen“ und auch hier bauen sie wieder Druck auf. Da ich das Thema aber schon an anderen Stellen (zum Beispiel „Ungefragte Ratschläge von anderen Eltern“, Seite 70) angesprochen und erklärt habe, konzentrieren wir uns hier voll auf das „Miteinander Teilen“.

In unserer Gesellschaft ist es üblich, dass wir Dinge in Besitz nehmen, sie abgeben oder miteinander teilen. Man kann sich natürlich die philosophische Frage stellen, ob uns überhaupt etwas in dieser Welt gehört oder ob wir wirklich etwas besitzen. Das führt für unsere Situation natürlich zu weit. Dennoch können wir daraus entnehmen, dass die Idee von „etwas besitzen“ etwas ist, was unsere Kinder noch lernen müssen, auch wenn es uns selbstverständlich vorkommt.

Die andere Frage ist: Inwieweit dürfen wir über den Besitz unserer Kinder bestimmen? Es gibt Dinge, wie zum Beispiel das Sparkonto unseres Dreijährigen: Auch wenn es ihm gehört, ist es doch sinnvoll, wenn wir über das Konto bestimmen, statt die Einverständniserklärung unseres Sohnes einzuholen. Anders ist das vielleicht bei dem neuen Feuerwehrauto. Das gehört ihm. Wenn er es aber jetzt einfach kaputtmachen oder verschenken will, dann wird es schon komplizierter. Wenn es ihm wirklich gehört, dann müsste er genau das dürfen. Andererseits wissen wir genau, dass er morgen wieder damit spielen will. Gar nicht so einfach. Und wenn eine Situation kompliziert wird, kann man sich immer gut fragen: Was machen wir jetzt?

Tipp 1: Meins und deins

Wie ich schon gesagt habe, ist das Konzept von „Meins und deins" neu für deinen Sohn. Er muss es noch lernen. Und das ist der springende Punkt. Er muss es nicht können, sondern lernen. Und für das Lernen darf er sich gerne ein paar Monate (oder Jahre) Zeit nehmen. Du darfst also ganz viele Situationen haben, in denen er sich ausprobieren darf. Da darf er sehr besitzergreifend sein oder mal anderen etwas wegnehmen, um dann zu merken, dass das nicht richtig ist. Wichtig ist, dass du ihn in dieser Zeit nicht in seinem Verhalten abwertest.

Es ist zum Beispiel nicht richtig, wenn er anderen etwas wegnimmt. Er ist aber nicht gleich böse oder gemein. Er versteht es vielleicht nur noch nicht ganz. Und auch wenn wir denken: Ich habe es ihm doch schon mehrfach erklärt. Verstehen ist das eine, danach zu handeln das andere. Drehen wir die Situation doch einmal um. Dein Sohn möchte den Spielzeugdinosaurier von einem anderen Kind haben. Manchmal vergessen wir Erwachsenen, wie großartig so ein Dino ist und dass man ihn einfach haben muss. In so einer Situation kannst du Folgendes machen:

Schritt 1 – Nimm dir Zeit
Jetzt nicht hetzen und schnell entscheiden. Durch diesen Versuch, die Situation schnell hinter euch zu bringen, könntest du das Ganze verzögern.

Schritt 2 – Hole dir ein „Ja“ ab
Du kannst so etwas sagen wie „Der Dinosaurier sieht toll aus, oder?“ oder „Den Dinosaurier hättest du auch gerne, oder?“ Damit steigen deine Chancen, dass er positiv gestimmt ist. Man könnte sagen, dass „Ja“ hallt noch nach.

Schritt 3 – Du erklärst ihm, dass der Dino ja leider nicht ihm gehört
Du setzt also eine Grenze. Gleichzeitig kannst du eine Tür öffnen, indem du so was sagst wie „Wollen wir das andere Kind mal fragen, ob du dir den Dino ausleihen darfst?“

Im Anschluss habt ihr vielleicht ein weiteres Thema, das er lernen kann: Wie geht eigentlich Ausleihen?

Tipp 2: Teilen macht Spaß

Meist wollen wir unserem Kind beibringen zu teilen, wenn es gerade teilen soll. Damit lernt es unter Umständen, dass Teilen grundsätzlich keinen Spaß macht. Denn schließlich heißt teilen ja abgeben. Dem kannst du entgegenwirken, indem du in anderen Situationen Teilen zum Thema machst.

Situation A – Du bittest ihn, zu teilen
In dieser Situation bittest du ihn, mit dir etwas zu teilen. Ihm sollte der Gegenstand wichtig sein, er sollte ihn aber für eine gewisse Zeit

hergeben können. Sobald er dir den Gegenstand leiht, zeige ihm, wie viel Spaß er dir macht und wie dankbar du dafür bist.

Mit etwas Abstand, zum Beispiel beim Gute-Nacht-Sagen, kannst du ihn fragen, wie er das Ganze empfunden hat, um positive Gefühle zum Thema Teilen zu wecken. Eine gute Frage hierfür wäre:

„Es hat echt Spaß gemacht, heute Nachmittag mit deinem Spielzeug zu spielen. Vielen Dank, dass du mir das geliehen hast. Wie fandest du das denn, mit mir zu teilen?“

Anschließend könntest du sogar das Thema aufmachen und ihn fragen: „Hast du schon mal jemandem etwas geliehen? Hat es da auch so einen Spaß gemacht zu teilen?“

Situation B – Du teilst etwas mit ihm

Hier kannst du das Ganze sogar noch auf die Spitze treiben. Dafür fragst du ihn, ob du mit ihm etwas von dir teilen darfst, bevor sein Wunsch danach überhaupt aufkommt. Du zeigst ihm zum Beispiel ein paar neue Buntstifte, die du dir gekauft hast und erzählst, wie toll du sie findest. Dann sagst du so was wie:

„Guck mal! Ich habe mir neue Buntstifte gekauft. Die sind so toll, dass ich gleich etwas damit malen möchte. Hast du auch Lust, was zu malen? Wir könnten etwas zusammen malen. Dafür würde ich die Buntstifte auch mit dir teilen. Wie fändest du das?“

Du kannst dir überlegen, ob du ihm die Buntstifte entweder leihst oder ob sie euch beide zu gleichen Teilen gehören. Je nachdem, wie alt oder wie weit er schon ist, kannst du das mit ihm besprechen. Ach ja, wichtig ist natürlich, dass er die Buntstifte auch toll findet. Sonst passiert hier nicht viel, wie du dir bestimmt denken kannst.

Tipp 3: In ihn hineinversetzen

Wir haben immer wieder Situationen, die für uns als Erwachsene ganz klar sind, für Kinder aber überhaupt nicht. Das Verständnis, das Erleben und die Emotionen von uns und unseren Kindern sind sehr unterschiedlich. Es ist unsere Aufgabe, uns in unsere Kinder hineinzuversetzen. Versuche, das Thema Teilen aus den Augen deines Sohnes zu sehen.

TIPP: SO VERSETZT DU DICH LEICHTER IN DIE SITUATION DEINES SOHNES

Nimm dir Zeit, um dich gedanklich und vor allem gefühlstechnisch in die Situation zu bringen, in der dein Sohn war. Mach das ohne Druck und am besten, wenn du allein bist.

Begib dich räumlich in die Situation deines Kindes. Das kannst du machen, indem du dich beispielsweise auf den Bauteppich setzt.

Nimm den Gegenstand, den er teilen sollte, dabei in die Hand.

Das kann natürlich auch alles zu viel des Guten sein. Manchmal hilft es uns aber, mehr Überblick über die Situation zu bekommen.

Kann ich mein Kind durch Abhärtung stärken?

Du bist auf einem Elternabend in der Kita deines Sohnes. Die Fachkräfte haben sich vorgestellt, haben Infos zum kommenden Kita-Jahr gegeben und kurz erzählt, wie es so läuft. Damit ist der offizielle Teil zu Ende. Da du aber noch eine Frage an die Erzieherin deines Sohnes hast, schnappst du dir noch etwas zum Knabbern und wartest, bis sie mit ihrem aktuellen Gespräch fertig ist. Während du wartest, kommst du mit einem anderen Vater ins Gespräch. Der scheint dir etwas unzufrieden mit der pädagogischen Haltung der Fachkräfte in der Kita zu sein. Ihm gefällt es nicht, wie die Kinder behandelt werden.

Die dürften ja jetzt alles, bekommen keine Grenzen mehr, würden gar nicht gefordert und wenn sie mal ein Problem hätten, dann würden die Fachkräfte sofort die Welt für sie umdrehen und alles möglich machen. Da kämen dann nur verweichlichte Erwachsene bei raus und die sollten später mal Teil unserer Gesellschaft werden? Kein Wunder, dass in den Kitas und Schulen nichts mehr richtig funktioniere, wenn jeder das machen könne, was er wolle. Es gäbe schließlich Regeln und wer diese Regeln nicht beachte, der könne halt nicht mehr mitspielen. Der Mann ist sichtlich verärgert und schlecht gelaunt. In dem Moment hat die Erzieherin ihr Gespräch beendet. Du siehst deine Chance, schnell aus diesem negativen Gespräch mit dem Vater rauszukommen und nutzt sie.

Auch nach dem Gespräch mit der Erzieherin denkst du noch an den Vater. Der war so aufgewühlt. Wobei er schon damit recht hat, dass in Kita und Schule alles immer mehr aus den Fugen zu geraten scheint. Irgendwie fehlt dir ein positiver Ausgang zu dem Thema. Den holen wir uns jetzt. Vorher gucken wir uns mal an, was da eigentlich los war.

Was passiert hier?

Erziehung ist gar nicht so leicht. Da sind so viele Zusammenhänge, die man am Anfang missversteht und so vieles, was sinnvoll erscheint, aber nicht ist. Ein typisches Beispiel hierfür ist die Sache mit der Stärkung und Abhärtung. Auch du willst sicherlich dein Kind stärken. Er soll seinen Weg finden und die Fähigkeiten haben, ihn gehen zu können. Er soll selbstbestimmt sein Leben leben können, Verantwortung übernehmen und bei Problemen anpacken können. Du willst Kinder, die die Herausforderungen des Lebens annehmen und sie bewältigen. Dabei ist dir auch wichtig, dass sie Rückschläge in ihrem Leben verkraften können, sie lösen und gestärkt aus ihnen hervorgehen.

Einige Erwachsene haben hier eine falsche Vorstellung, was sie dabei unterstützen würde. Wir nennen es hier einfach mal das „Giftprinzip“. Nach diesem Prinzip wird man gegen Gift immun, wenn man häufig ganz kleine Dosen dieses Giftes zu sich nimmt. Übersetzt in unseren Bereich würde das bedeuten, man schwächt die Kinder immer ein klein wenig, damit sie am Ende die Stärke entwickeln, die sie für ihr Leben brauchen. Für die Erziehung unserer Kinder ist das nicht nur total falsch, es ist sogar das Gegenteil der Fall. Wenn du willst, dass dein Kind jeden Tag ein bisschen stärker wird, dann solltest du es jeden Tag ein bisschen stärken und nicht schwächen. Ich gebe dir wieder drei Tipps, die dir dabei helfen.

Tipp 1: Der Glaube an ihn lässt ihn Berge versetzen

Bei dem ersten Tipp gehe ich davon aus, dass du das eh schon machst. Hier möchte ich dir symbolisch eine große Kiste mit Feuerwerk, Luftschlangen und lauter Partymusik mitgeben, damit du deinen Glauben an ihn mal so richtig abfeiern kannst. Natürlich kannst du jetzt einfach lächeln und mit dem Kopf nicken. Ich rate dir aber dazu, das Ganze wirklich abzufeiern, in echt. Dafür gibt es zwei Möglichkeiten. Und ich sag es dir gleich: Mach beide!

Möglichkeit A – Alleine abfeiern

Du bringst dich in Stimmung. Suche dir passende Musik aus, einen schönen Platz und gern etwas zu trinken. Die Musik kann entweder sehr ruhig, klar und schön sein oder du drehst voll auf und spielst laute Partymusik. Das suchst du dir aus. Wenn du keine Musik findest, empfehle ich dir „Luftschiffhafen" oder „Bunte Brille" von DYRK. Der Platz dafür sollte auch zur Stimmung passen, kann aber auch einfach euer Wohnzimmer sein. Als Getränk nimmst du etwas, was du mit deinem Sohn vielleicht verbindest. Hauptsache, es schmeckt dir. Du hast damit alle fünf Sinne angesprochen. Wenn du jetzt im Kopf Aussagen, Bilder und Situationen abrufst, in denen du deinen Sohn großartig findest, dann kannst du das hochemotional abfeiern. Klingt bescheuert und völlig übertrieben? Dann warte erst, bis du es ausprobiert hast.

Möglichkeit B – Mit deinem Sohn abfeiern

Hier kannst du Möglichkeit A als Blaupause nehmen. Aber diesmal ist dein Sohn mit dabei und ihr feiert euch gegenseitig ab. Ihr könnt dabei einfach tanzen oder ihr kuschelt bei schöner, entspannter Musik und erzählt euch abwechselnd, was ihr an dem anderen so stark findet.

Wenn dir das alles zu viel ist, kannst du auch eine weniger emotionale Möglichkeit nutzen, die auch sehr schön ist. Dabei malt ihr euch gegenseitig und erzählt euch anschließend, warum ihr den anderen so gemalt habt, wie ihr ihn gemalt habt. Hier mal ein paar Beispielaussagen, die du nutzen kannst:

„Ich habe deine Arme mit dicken Muckis gemalt, weil ich finde, dass du so stark bist.“

„Ich habe mir ganz viel Mühe mit deinen Augen gegeben, weil ich finde, dass du immer sehen kannst, wenn es mir gut oder schlecht geht.“

„Ich habe dir starke Beine gemalt, weil du immer wieder aufstehst, wenn du mal stolperst und es nicht so klappt, wie du es dir wünschst.“

Hinter diesen Sätzen stecken Aussagen, die er noch nicht alle versteht. Trotzdem werden sie bei ihm wirken, je nachdem, wie du ihm diese vorträgst.

Egal wofür du dich entscheidest, ich wünsche dir ganz viel Spaß damit!

Tipp 2: Zeige ihm, was er geschafft hat

Der zweite Tipp, den ich dir mitgebe, ist eigentlich ganz einfach. Deshalb vergessen wir ihn auch immer wieder. Wenn dein Sohn etwas geschafft hat, dann kommentiere das positiv. Das wird ihn dabei unterstützen, sich diese Erfolge besser zu merken. Unsere Kinder sehen oft gar nicht, was sie alles leisten. Wenn sie aber sehen, was sie schon geschafft haben und wozu sie imstande sind, dann schaffen sie viel leichter, was vor ihnen liegt. Dabei ist wichtig, wie wir diese Kommentare rüberbringen. Wenn wir es schaffen, echte Anerkennung auszudrücken und in dem Moment nicht denken, dass das für ein Kind ganz okay ist, dann steigern wir das Ganze nochmal.

ANERKENNUNG AUSDRÜCKEN – DAS KANNST DU DEINEM SOHN SAGEN

„Wow ... dass du das geschafft hast ..."

„Also das konnte ich in deinem Alter noch nicht ... wie hast du das geschafft?"

„Hast du das schon öfter gemacht? Das sieht ja bei dir total leicht aus ... wow!"

Tipp 3: Die Zukunft sehen

Zugegeben: Niemand kann in die Zukunft sehen. Wir lassen sie aber wahr werden, wenn wir Bilder von ihr im Kopf haben. Diese setzen wir um und gestalten so unsere Zukunft. Ähnlich ist es auch mit der Kindererziehung. Wenn wir im Kopf haben, dass ein Kind stört, gemein ist und Regeln verletzt, werden wir in unserem Kopf ein Bild davon haben, dass es das auch in Zukunft tun wird. Und so behandeln wir es dann auch. Das siehst du leider immer noch sehr oft bei Kita-Fachkräften und Lehrkräften. Das Schöne daran ist, dass du auch genau das Gegenteil machen kannst. Du kannst ein Bild von deinem Sohn als ein Jahr älteren Jungen im Kopf haben. Wenn du dir vorstellst, dass er dann schon viel weiter und stärker ist, dann wird dich das in der Beziehung mit ihm beeinflussen. Damit kannst du schon einen Teil der Zukunft ändern. Probiere es mal aus.

In der Schule muss er das können

Du sitzt im Gruppenraum der Kita und hast ein Elterngespräch. Bald geht dein Sohn zur Schule. Der Ernst des Lebens beginnt für ihn, hat man dir gesagt. Mit der Kaffeetasse in der Hand und dem schön eingerichteten Raum könnte das Gespräch eigentlich ganz gemütlich sein. Die Bezugserzieherin und ihr Kollege haben eine Liste vorbereitet, auf der allerlei Dinge stehen, die dein Sohn können muss, wenn er zur Schule geht. Die Liste ist lang und er kann so vieles und ist in so vielen Dingen sehr gut. Darüber habt ihr aber nur ein oder zwei Minuten gesprochen. Jetzt seid ihr schon seit über fünfzehn Minuten bei dem einzigen Punkt, der für die Bezugserzieherin deines Sohnes ein Problem darstellt. „Das muss er unbedingt können, wenn er in die Schule geht“, sagt sie. Sie fügt sogar an, dass es sonst wohl Probleme gäbe. Du spürst den Druck. Du fühlst dich gar nicht gut dabei. Du weißt aber auch nicht, wie du das Problem lösen sollst.

Was passiert hier?

Eine der Aufgaben der Kita-Fachkräfte ist es, deinen Sohn fit für die Schule zu machen. Dafür haben diese ein großes Repertoire an Methoden, um deinem Sohn zu helfen, seine einzelnen Kompetenzen zu entwickeln. Es gibt Übungen für seine Bewegung und Koordination, Spiele, um die Auffassungsgabe oder die Aufmerksamkeit zu erhöhen und Methoden, um immer wieder zu testen, was er schon kann und was noch nicht.

Es liegt in der menschlichen Natur, dass wir immer besonders darauf schauen, was wir verbessern können. Deshalb sprechen die Fachkräfte deines Sohnes auch nur kurz darüber, was er schon kann und sehr ausgiebig über diese eine Sache, die er noch nicht kann. Denn wenn er das kann, haben sie ihre Arbeit erfüllt und deinen Sohn fit für die Schule gemacht.

Was hier häufig nicht bedacht wird, ist die Verzerrung, die dadurch entsteht. Alle Beteiligten bekommen das Gefühl, diese eine Sache wiegt genauso viel wie alles andere zusammen. Das und deine Befürchtung, was bald kommen wird, bauen einen großen Druck bei dir auf, der erst mal nicht angemessen ist. Denn erstens kann dein Sohn doch schon superviel und zweitens kann er alles andere ja auch noch lernen. Und hier kommen wir schon zum ersten Tipp.

Tipp 1: Durchatmen

Am Ende ist alles gar nicht so schlimm, wie es zunächst aussieht. Nichts wird so heiß gegessen, wie es gekocht wird. Jährlich kommen so viele Kinder in die Schule, denen man eine schwierige Schulzeit prophezeit hat und die dann gute Schülerinnen und Schüler werden. Selbst wenn dein Sohn noch ein oder zwei Kompetenzen für die Schule lernen muss, hat er noch Zeit. Denn schließlich darf er sich noch entwickeln.

DRUCK RAUSNEHMEN – DAS KANNST DU DIR SAGEN

„Mein Sohn ist gut, so wie er ist und was er noch nicht kann, kann er noch lernen."

„Die perfekte oder ultimative Unterstützung gibt es nicht. Ich unterstütze meinen Sohn so gut ich kann. Wie und wie sehr, darf ich immer wieder neu ausprobieren."

„Nichts wird so heiß gegessen, wie es gekocht wird."

„Das Gras wächst auch nicht schneller, wenn man daran zieht."

Tipp 2: Das Positive sehen

Zu der Situation „Elterngespräch in der Kita“ habe ich ja schon etwas zu der Gewichtung geschrieben. Wie ich schon erwähnte, machen wir das alle: Wir fokussieren uns auf das Negative, weil wir es bekämpfen wollen. Das ist grundsätzlich nicht falsch. Jedoch verstärken wir alles, womit wir uns beschäftigen und was wir fokussieren. Ich habe als Erzieher in der Kita immer sehr lange über all die positiven Dinge gesprochen, damit diese mehr Raum im Gespräch bekommen. Natürlich haben wir auch über das gesprochen, was die Kinder noch nicht konnten. Mir war aber immer wichtig, allem immer das richtige Maß an Aufmerksamkeit zu geben. So hast du als Mutter oder Vater auch den richtigen Eindruck von meiner Sicht auf dein Kind und verfällst nicht in Panik oder befürchtest das Schlimmste. Das ist nämlich alles andere als sinnvoll.

NEGATIVES ELTERNGESPRÄCH – DAS KANNST DU SAGEN

Solltest du ein negativ ausgerichtetes Elterngespräch haben, dann kannst du den Erzieherinnen oder Erziehern deines Sohnes Folgendes sagen:

„Was würden Sie mir raten, wie ich das noch nicht Gelernte mit meinem Sohn üben kann?“

Darauf folgt dann eine Umleitung zum positiven Teil:

„Ich würde gerne noch mehr zum dritten und sechsten Punkt erfahren. Können Sie mir Beispiele aus dem Alltag nennen, warum er das so gut kann?“

„Was glauben Sie, warum er so gut in Punkt sieben und Punkt elf ist?“

Am Ende bedanke dich für das Gespräch. Du kannst dir in diesem Moment nochmal klar vor Augen führen, was das genau ist: Ein Beratungsgespräch. Es ist eine Hilfe für dich und dein Kind und soll dich unterstützen, gute Entscheidungen für deinen Sohn zu treffen. Es soll dir weder Angst machen noch dich verunsichern.

Tipp 3: Unterstützung für deinen Sohn

Vielleicht fragst du dich nach Tipp 1 und 2, wie du denn jetzt deinen Sohn unterstützen sollst, damit er das, was er noch nicht kann, lernt. Die Basis für Lernen sind immer Sicherheit und die Möglichkeit, sich auszuprobieren.

DIE BASIS FÜRS LERNEN SCHAFFEN – DAS KANNST DU DEINEM SOHN SAGEN

Um deinem Sohn Sicherheit zu vermitteln, kannst du zu ihm sagen:

„Das kriegen wir beide schon hin. Bisher haben wir doch auch immer alles geschafft."

„Das schaffst du schon. Ich bin für dich da und unterstütze dich."

Für das Ausprobieren kannst du ihm sagen:

„Was könnten wir anders machen, damit es uns gelingt?"

„Hast du schon mal ein ähnliches Problem gelöst? Ja? Wie?"

„Hast du schon mal ein ähnliches Problem gelöst? Nein? Super, dann wird das unser erstes dieser Art."

Typisch Junge?

Was ist typisch Junge? Jungs stehen auf Bagger und Laserpistolen, wollen immer die Besten sein, prügeln sich und haben es nicht so mit dem Gefühlezeigen. Echt jetzt? Auch wenn wir in einer Zeit leben, in der Geschlechterrollen hinterfragt und viel großzügiger ausgelegt werden: Sie sind immer noch in den Köpfen der meisten Menschen und beeinflussen Kinder in ihrer Entwicklung. Aber du kannst einiges tun, um deinem Sohn aus der Geschlechterfalle herauszuhelfen – oder ihn gar nicht erst hineintapsen zu lassen.

Wie ist das denn jetzt mit den Jungs?

Hast du dich mal gefragt, was typisch für einen Jungen ist? Wie verhält sich ein Junge? Muss er sich auf eine bestimmte Art verhalten, um ein Junge zu sein? Und bedeutet typisch Junge auch untypisch Mädchen? Vielleicht geht es dir wie vielen anderen: Du hast keine eindeutigen Antworten auf diese Fragen. Du spürst, dass das Thema Geschlecht und Gender für dich und in der Art, wie du deinen Jungen erziehen möchtest, wichtig ist. Aber wie du konkret damit umgehen sollst, erzeugt bei dir ein großes inneres Fragezeichen. Hochtheoretische Erklärungen von Fachmenschen bringen dich auch nicht weiter. Dabei ist es doch ganz einfach: Alles, was deinen Jungen unterstützt, sich gut und gesund zu entwickeln, hilft. Was dein Sohn nicht gebrauchen kann, sind die Anforderungen unserer Gesellschaft an ihn, nur aufgrund dessen, weil er biologisch gesehen ein Junge ist. Jedes Kind, das sich als Junge fühlt und sich damit identifiziert, soll sich auch so fühlen dürfen. Dabei darf jeder Junge selbst entscheiden, wie er sein Jungesein ausleben möchte – deiner auch.

In meiner Arbeit als Erzieher in der Kita habe ich mit den Kindern gebastelt, getobt, Brettspiele gespielt, gekuschelt, gegessen, gebaut, gekämpft und gemalt. Bei einigen Angeboten hatte ich überwiegend Mädchen, bei anderen überwiegend Jungs, manchmal sogar nur Jungs oder nur Mädchen und ganz oft gemischte Gruppen.

Viele der Themen, von denen sich vorallem die Jungen angesprochen fühlten, waren für einige Kolleginnen irritierend. Was soll das mit dem Kämpfen? Sollten wir Waffenspiele nicht verbieten? Dass ich hier ausschließlich von Kolleginnen spreche, liegt daran, dass ich tatsächlich der einzige männliche Mitarbeiter in den Kitas war.

Das war keine allgemeine Situation, sondern eine ganz spezielle, in der ich gearbeitet habe. Ich erhebe hier also nicht den Anspruch auf Allgemeingültigkeit. Es ist mir sehr wichtig, dass auf keinen Fall der Eindruck entsteht, alle Jungen würden sich für alle diese Themen interessieren.

Viele der folgenden Themen wie Kämpfen, Waffenspiele oder Risikoverhalten werden von unserer Gesellschaft immer noch als jungentypisch gesehen. Man kann aber auch super mit Mädchen kämpfen oder sie dabei unterstützen, Risiken abzuschätzen und sich auszuprobieren. Bevor wir jedoch anfangen, endlich diese Einteilungen à la „Jungs wollen immer kämpfen" aufzugeben, sollten wir uns diesen „jungentypischen" Interessen und Spielen öffnen und sie verstehen. Denn meine Tätigkeit als pädagogischer Referent und Coach zeigt mir, dass sie auch heute noch eine Rolle für Jungs und die Arbeit mit Jungs in der Kita spielen. Meine Aufgabe sehe ich darin, meine Erfahrungen und Sichtweisen als Jungenpädagoge mit dir zu teilen, damit du in der Erziehung deines Sohnes davon profitieren kannst.

Von Laserkanonen und Backsteinen in Wolfsmägen

Du bist zu einem Klassentreffen eingeladen. Das Ganze findet in einer gemütlichen Runde in einem Café statt. Du freust dich auf eine kinderfreie Zeit, in der du dich mal ganz um dich kümmern kannst. Viele haben ihren Partner oder ihre Partnerin mitgebracht, was den Nachmittag auflockert und viele verschiedene Gesprächsthemen anbietet. Mit der Frau eines alten Schulfreundes kommst du ins Gespräch. Irgendwann seid ihr beim Thema Kindererziehung und tauscht euch über Serien, Bücher und andere Medien aus.

Als du von der Lieblingsserie deines Sohnes erzählst, siehst du die Ablehnung in ihren Augen. Sie erklärt dir, dass diese Trickserien so viel Gewalt beinhalten. Das könne sie ihren Kindern nicht antun. Und überhaupt sei dieser ganze neumodische Kram gar nicht gesund für Kinder. Sie findet, dass die alten Werte endlich wieder mehr Beachtung kriegen müssten. Deshalb liest sie ihren Kindern lieber die klassischen Märchen vor. Bei Schneewittchen, Rotkäppchen und Struwwelpeter ist alles viel klarer und nicht so überladen wie in den heutigen Serien. Außerdem lernen Kinder aus den Märchen noch Werte und Lebensweisheiten.

In diesem Moment entscheidest du, ihr nichts davon zu erzählen, dass dein Sohn nicht nur eine Serie guckt, sondern gleich mehrere und dass er das alles anschließend nachspielt. Vielleicht kannst du das Gespräch ja einfach auf ein anderes Thema lenken, denkst du dir.

Was passiert hier?

Die Frage, welche Inhalte für Kinder die besten sind, hat viele verschiedene Facetten. Ganz oft werden dabei Dinge gegenübergestellt, was so gar keinen Sinn ergibt. Am Ende geht es oft um Stellvertreter für die eigenen Werte, die gegen die Werte der anderen verteidigt werden. In unserer Einleitung erklärt die Frau, dass sie die aktuellen Serien für Kinder gewalttätig und überladen findet. Gegen diese Serien hält sie die klassischen Märchen. Aber eigentlich ist es Quatsch zu sagen, dass das eine gut und das andere schlecht ist. Es sind einfach zwei Themen, die man gern getrennt voneinander betrachten kann. Machen wir das doch mal.

Die klassischen Märchen

Nur weil wir die klassischen Märchen als Kinder gehört haben und mit positiven Dingen verknüpfen, müssen sie nicht grundsätzlich gut sein. Wenn jemand diese Märchen kritisiert, empfinden wir das manchmal als Angriff auf die Werte, die wir damit verbinden. Tatsächlich gibt es viel Schönes an den klassischen Märchen, selbst wenn wir den Nostalgiefaktor abziehen. Da wären die rhythmische Erzählweise, die symbolischen Darstellungen und die Moral, die am Ende dargestellt wird. Andererseits ist in diesen Geschichten so viel Gewalt enthalten, dass es einen Aufschrei geben würde, würde heute der Originaltext davon veröffentlicht. Da werden Menschen die Finger abgeschnitten, weil sie nicht gehorchen, Wölfen der Magen aufgeschnitten und mit Steinen gefüllt oder Kinder verstoßen und im Wald allein gelassen. Natürlich ist darin meist eine Symbolik zu erkennen, die ihren Wert hat. Ich denke jedoch, dass diese Bücher für Kinder im Kita-Alter höchst ungeeignet sind. Da gibt es schönere Bücher, die wir ihnen vorlesen können.

Die heutigen Serien

Auch die heutigen Serien sind nicht frei von Gewalt. Je nach Thema spielt sie eine Rolle. Zum Beispiel wird in vielen Serien gern rumgeschossen. Während in den Achtzigern in jeder zweiten Zeichentrickserie mit Laserkanonen geschossen wurde, wird das heute etwas abstrakter dargestellt. Heute werden Strahlen mit Zauberstäben abgefeuert.

Heutige Serien haben in Sachen Erzählweise und Diversität im Vergleich zu früher die Nase vorn.

Wir sehen also, dass beide Genres, alte Märchen und neue Serien, Vor- und Nachteile haben. Einige sind für Kleinkinder geeignet, andere nicht. Im Folgenden möchte ich dir drei Tipps mitgeben, die dir helfen sollen, deine Sicht auf diese Themen auszubauen. So kannst du die richtigen Entscheidungen treffen, was du deinem Kind anbieten kannst.

Tipp 1: Was passiert bei mir?

Mein erster Tipp: Selbstreflexion. Da dein Sohn seine Geschichten von dir angeboten bekommt, ist es wichtig, wie du dazu stehst. Du wirst nichts anbieten, was du bedenklich findest, und ihm nur Dinge zeigen, mit denen du okay bist. Prüfe dich also, warum du etwas nicht gut findest. Das kann daran liegen, dass die Inhalte einfach nicht gut für deinen Sohn sind. Es kann aber auch sein, dass du ihm Dinge zeigst oder vorenthältst, weil du damit Erinnerungen aus deiner Kindheit verknüpfst. Oder weil du mit ihnen bestimmte Werte verbindest, die aber gar nicht unbedingt da sind. Schaue also genau hin, was deine wirklichen Gründe sind und ob deine Entscheidungen für deinen Sohn die richtigen sind.

Tipp 2: Was ist Gewalt?

Grundsätzlich ist Gewalt, wenn der eine etwas mit dem anderen tut, was der nicht will. Für unser Thema ist aber besonders die Gewalt wichtig, die dein Sohn empfindet. Egal ob Märchen oder Serie, was empfindet dein Sohn dabei? Findet er die schießenden Laserkanonen des Raumschiffes, den Angriff der Löwen auf das Dorf oder die Backsteine im Wolf schrecklich, ist das Ganze nichts für ihn. Hier heißt es dann auffangen, mit ihm gemeinsam verarbeiten und die zukünftigen Angebote für das Kind ändern.

Du kannst auch aussortieren, was du für bedenklich hältst. Und so tastet ihr euch immer weiter vor. Sprich also öfter über die Geschichten, die dein Kind konsumiert. Auch dafür gibt es tolle Fragen, die gern erst mal positiv formuliert sein dürfen.

REFLEXION ÜBER MEDIEN – DAS KANNST DU DEINEN SOHN FRAGEN

„Hat dir die Serie/das Buch/der Film gefallen?"

„Was fandest du besonders toll? Was war dein Lieblingsmoment?"

„Welchen Moment fandest du nicht schön?"

„Was würdest du in der Geschichte anders erzählen?"

Tipp 3: Rollenspiel

Dein Sohn guckt seine Serie – und das sieht ziemlich passiv aus. Ist es aber meist gar nicht: Oft ist das Seriegucken ein Rollenspiel für Kinder. Dein Sohn identifiziert sich mit den Figuren und erlebt die Abenteuer mit. Es ist wichtig, dass er sich in Themen ausprobieren darf, die er sich wünscht und die seinem Interesse entsprechen. Wenn ihn also der Kampf zwischen Gut und Böse interessiert oder er erfahren will, was Macht ist und wie sich andere mit Machtlosigkeit fühlen, dann darfst du ruhig schauen, ob du etwas Passendes für ihn findest.

Wenn du ihm nur Dinge zeigst, die diese Themen nicht abbilden, dann kann es sein, dass er sich nicht gesehen fühlt. Hat er Probleme mit Machtlosigkeit oder Gewalt und du lässt ihn nur Serien mit Blümchen, die in der Sonne stehen, anschauen, kann er das Gefühl haben, dass er mit seiner Situation allein gelassen wird. Mein Tipp ist: Schau die Serie mit ihm zusammen und dann redet darüber. Auch hier ist wieder wichtig, dass auch du erzählst, wie du die Serie empfunden und was du in welchen Situationen gefühlt hast. Die Situationen, in denen ihr das Gleiche oder Ähnliches gefühlt habt, werden euch nach dem Austausch noch stärker verbinden.

Peng, du bist tot!

Dein Sohn hat Spielbesuch. Mit seinem besten Freund rennt er aufgedreht durch Wohnung, Haus und Garten. Sie rufen laut „Peng, du bist tot!“ und zielen mit imaginären Waffen aufeinander. Einmal hörst du sogar ein „Ich hab’ dich zuerst getötet!“

Dir gehen tausend Dinge durch den Kopf. Vielleicht denkst du, das darf nicht sein und an Gewalt. Oder du erinnerst dich an früher, als ihr Räuber und Polizei gespielt habt. Das hat euch ja auch nicht geschadet. Du überlegst aber auch, ob du eingreifen musst. Schließlich gibt es ja echte Kriege auf der Welt und dein Kind soll lernen, dass Waffengewalt keine Lösung ist.

Am Ende entscheidest du dich etwas zu tun, bist dir aber nicht sicher, ob das so richtig ist.

Was passiert hier?

Zunächst einmal darf ich dich beruhigen. Du findest in dieser Art von Spielen selten echte Gewalt, maximal Gewaltdarstellung. Und das ist ein wichtiger Unterschied. Ich persönlich bin für totale Gewaltfreiheit ohne Kompromisse. Vielleicht geht es dir da ähnlich. Doch schauen wir uns einmal an, was in dieser Situation wirklich passiert. Wenn wir uns als Eltern über Waffenspiele unterhalten, dann fallen oft Schlagworte wie „Krieg“ oder „Gewalt“. In der Regel wird das Spiel sehr negativ gesehen und viele sind sich einig: Das Spiel braucht doch niemand. Wir wollen das Spiel dann oft verbieten, die Kinder davon überzeugen, dass es schlecht ist und mindestens ein schlechtes Gewissen machen. Doch ist das Waffenspiel wirklich so schlecht für die Kinder? Oder kommt diese Sicht von ganz woanders?

Ich denke, wir sind uns einig, dass wir den Krieg in allem, was er mitbringt, verachten. Wenn Kinder etwas spielen, was uns an echten Krieg erinnert, dann wollen wir das verhindern. Doch Kinder kennen echten Krieg gar nicht, geflüchtete Kinder ausgenommen. Sie wissen nicht, welches Leid und welche Zerstörung er mit sich bringt. Fragt man Kinder, was sie bei ihrem Spiel empfinden, kommt ganz häufig „Spaß“ als Antwort. Meiner Erfahrung nach geht es den Kindern bei dieser Art von Rollenspiel viel um Macht, Ohnmacht, Selbstwirksamkeit und ähnliche Dynamiken. Sie spielen solche Spiele, um Dinge zu verarbeiten. Mit echtem Krieg hat das Spiel nicht viel zu tun.

Den wichtigsten Aspekt in dieser Thematik möchte ich dir von einer anderen Seite zeigen. Ich behaupte, dass niemand von uns objektiv die Realität kennt. Wir haben alle nur unsere Sichtweise. Ich nenne das gern „unsere Landkarte“. Erwachsene haben andere Landkarten zum Thema Waffenspiele als Kinder. Unsere Landkarte zu dem, was wir beim Spielen sehen, ist geprägt von Krieg und Gewalt. Was die Kinder empfinden, ist geprägt von Spaß. Das eigentliche Spiel der Kinder kommt der Realität am nächsten. Es ist das, was tatsächlich passiert. Das, was wir im Kopf haben, ist nur in unserem Kopf und hat nichts mit dem Erleben der Kinder zu tun.

Hier kann am Ende doch Gewalt entstehen. Wenn wir nämlich mit unserer Landkarte die Kinder bedrängen, sie aufgrund unserer Landkarte verurteilen oder ihnen schlechte Gefühle aufzwingen, dann üben wir Gewalt auf die Kinder aus. Das wollen wir natürlich nicht.

GUT ZU WISSEN – MÖGLICHE DEFINITION VON GEWALT

Gewalt ist, wenn der eine mit dem anderen etwas macht, was der nicht will.

Tipp 1: „Fantasy/Science-Fiction"

Vielleicht ist dir immer noch mulmig beim Thema Waffenspiele. Das kann ich gut verstehen. Wenn ich Waffenspiele beobachte und an Bilder vom Ersten oder Zweiten Weltkrieg denken muss, läuft es mir kalt den Rücken runter. Je unrealistischer und fantasievoller diese Spiele jedoch sind, desto mehr kann ich mich mit ihnen anfreunden. Wenn ich also die Wahl hätte, was mein Kind erlebt, dann lieber Science-Fiction oder Fantasy statt Kriegsdarstellungen.

Eine Kita-Kollegin bat mich mal um Rat, da die Kinder bei ihr immer diese „Abschießspiele" spielen würden. Ich habe ihr folgenden Vorschlag gemacht: Sie solle ein Bewegungsspiel anbieten, bei dem alle Kinder „Eisstäbe" haben. Wenn sie diese dann auf ein anderes Kind richten und dessen Namen rufen, ist das andere Kind „vereist" und darf sich drei Sekunden nicht bewegen. Damit hat sie die Dynamik des Spiels ohne den Kriegshintergrund. Schlage deinem Sohn doch mal ein ähnliches Spiel vor.

Tipp 2: Gewalt in Form von Gruppenzwang?

Prüfe, ob eventuell doch Gewalt im Spiel ausgeübt wird. Wie jetzt?! Eben hieß es doch noch, da wäre keine! Grundsätzlich nicht, da hast du mich schon richtig verstanden. Wie in jedem Spiel kann aber auch Gruppenzwang vorliegen. Es gibt sehr viele Jungen, die gar nichts mit Fußball anfangen können, denken aber, sie müssten das gut finden, weil sie Jungs sind. Ähnlich kann das bei den Waffenspielen sein. Es ist möglich, dass dein Junge das Spiel gar nicht mag. Er denkt vielleicht nur, er müsse es spielen, weil alle Jungs in seiner Kita-Gruppe das tun. Hinzu kommt, dass manche Kinder, die angegriffen werden, sofort in die Abwehr oder sogar in den Gegenangriff gehen. Die Option, einfach grundsätzlich „Nein“ zu dem Spiel zu sagen, kennen sie nicht. Unterstütze deinen Sohn dabei, herauszufinden, was er möchte.

DIE EIGENEN INTERESSEN ERKENNEN – DAS KANNST DU DEINEN SOHN FRAGEN

„Und das magst/willst du nicht?"

„Was würdest du anders haben wollen?"

„Was findest du blöd/gut daran?"

„Ich verstehe. Und deshalb willst du etwas anderes, ja?"

„Was möchtest du denn stattdessen?"

Überlasse ihm die Führung des Gesprächs und begleite ihn. Versuche herauszufinden, wo er hinwill.

Es ist wichtig, dass du offene Fragen stellst, mit denen du deinen Sohn verstehen willst. So kann er auch sich selbst besser verstehen. Stellst du die Fragen so, dass du seine Gedanken in eine Richtung lenkst und er zu der Meinung kommt, die du für richtig hältst, dann wird er das merken und sich manipuliert fühlen.

Tipp 3: „Keine Waffenkunde"

„Das ist eine AK 47“, sagte einmal ein Junge im Grundschulalter zu mir. Dabei hielt er mir sein bis ins Detail nachgebildete Maschinengewehr ins Gesicht. Ich habe bis heute nicht verstanden, wie man seinem Kind so was schenken kann. Auch wenn ich mich dem Thema Waffenspiele in den Kitas gerne annehme, mache ich nie so etwas wie

„Waffenkunde". Denn nach wie vor geht es nicht darum, die Kinder in diesem Thema zu bilden, sondern sie beim Miteinanderspielen zu begleiten. Die Dynamik ist mir wichtig, nicht das technische Wissen. Deshalb würde ich mich auch sehr freuen, wenn es für den Spaß im Pool mehr Wasserspritzen als Wasserpistolen gäbe. Und das ist auch mein Tipp an dich: Je weniger Waffen, desto besser.

Kämpfen

Eigentlich hast du total gute Laune, als du deinen Sohn aus der Kita abholen willst. Dann triffst du auf zwei andere Eltern, die sich streiten. Du hörst die Mutter des einen Kindes so was sagen wie: „Nein, bei uns gibt es keine Gewalt. Bitte halten Sie ihren Sohn von meinem fern!" Der Vater des anderen Jungen antwortet daraufhin: „Ach, das sind Jungs. Die wollen halt mal raufen. Das gehört doch zum Jungesein dazu." Du mischst dich nicht in den Streit ein, überlegst aber, wie du dazu denkst. Ist es okay, wenn Kinder kämpfen? Wie fändest du das, wenn dein Sohn einer der beiden Jungen wäre? Wäre er eher der, der keine Lust auf Kämpfen hätte oder wäre er der, der auch mal gerne rauft? Aber ist das dann nicht Gewalt? Du bist dir unsicher, wie du dich positionieren sollst. Bist du nun dafür oder dagegen? Gibt es da nicht vielleicht einen Mittelweg, also ein bisschen von beidem? Kämpfen, aber nicht so doll und bitte ohne, dass es kippt und einer den anderen verletzt. Du überlegst, welche Studien oder Fakten es zu dem Thema geben könnte. Da das ganze Thema aber weder in Fachzeitschriften noch in vielen Erziehungsratgebern auftaucht, fällt dir nichts ein. Das ändern wir jetzt. Du bekommst hier direkt die Antwort mit allem Wichtigen, was du dazu wissen musst. Los geht's!

Was passiert hier?

Unsere Gesellschaft mag das Kämpfen nicht. Wir empfinden es nicht nur als überflüssig, sondern auch als störend. In Aussagen wie „Die brauchen das!“ wird der Wunsch unserer Kinder nach der körperlichen Auseinandersetzung eher negativ, animalisch gesehen. Es entsteht der Eindruck, dieser Wunsch sei nicht richtig oder etwas, für das man sich schämen müsste. Oft wird das Kämpfen sogar mit Gewalt verbunden.

So wird versucht, das Bedürfnis nach körperlicher Auseinandersetzung herunterzuspielen oder gar zu verbannen. Wir wollen das nicht haben, schon gar nicht bei den Kindern. Am Ende wundern wir uns, warum es zwischen Kindern immer wieder eskaliert und in Gewalt ausartet. Wenn du in die Kitas und Schulen unseres Landes gehst, wird dir nur selten eine Fachkraft das Thema erklären können. Viele interessiert es nicht, die meisten haben dazu nichts in der pädagogischen Ausbildung gelernt und wenn, dann oft, dass sie es verbieten sollen – was in der Regel höchst unpädagogisch ist.

Ähnlich wie beim Thema Waffenspiele gibt es hier oft zwei Lager. Die einen halten das Kämpfen für überflüssig und für eine Form der Gewalt. Die anderen sind der Meinung, dass wir das alle früher auch so gemacht haben und es uns nicht geschadet hat. Beiden Lagern fehlt jedoch eines oft: die Fachkompetenz, mit dem Thema angemessen umzugehen. Eine Fachkraft muss sich mit dem fast täglichen Wunsch der Kinder auseinandersetzen und die Thematik dahinter verstehen.

Ich sage dir das, damit du siehst, dass die meisten einfach keine Ahnung von dem Thema haben. Das bedeutet für dich als Vater oder Mutter, dass dir die Tipps und Hilfen von vielen dieser Fachkräfte zu diesem Thema unter Umständen nicht weiterhelfen. Sollte dir dazu eine Meinung gesagt werden („In unserer Kita wird nicht gekämpft.“ oder „Bei den Kindern gibt es zu viele Verletzungen. Deshalb ist das Kämpfen hier verboten.“), dann lass sie dir auf jeden Fall begründen. Sei auch nicht böse mit den Fachkräften. Sie tun ihr Bestes. Sie haben vielleicht nicht gelernt, wie sie mit dem Thema Kämpfen pädagogisch sinnvoll umgehen. Das Problem sitzt also eher in den Ausbildungsstätten.

Aber wie geht man pädagogisch sinnvoll mit Kämpfen um? Ich möchte dir meine Sicht auf das Kämpfen zeigen – vielleicht eine ganz neue Sicht, eine sehr harmonische, gemeinschaftliche und empathische Sicht.

Der Wunsch unserer Kinder, miteinander zu kämpfen, ist etwas sehr Positives. Die Kinder wollen keine Gewalt und sie wollen sich auch nicht über andere erheben oder ihnen schaden. Sie wollen vielmehr sich selbst entdecken. Sie wollen sich selbst spüren, den anderen spüren und sich in diesem Miteinander ausprobieren. Wenn wir ihnen zeigen, dass das alles ohne Gewalt, mit Respekt und mit großem Spaß funktioniert, dann haben wir eine großartige Situation geschaffen. In so einem Kampf können die Kinder sich ausprobieren, miteinander kommunizieren, sich miteinander verbinden und viel über sich und die anderen lernen. Kämpfen ist also eine großartige Kommunikationsform. Wenn wir das nun wissen, dann ist klar, dass wir das unseren Kindern ermöglichen wollen. Die Frage ist nur: Wie geht das?

Tipp 1: Was ist Kämpfen für dich und deinen Sohn?

Als erstes kannst du dir überlegen, wie du zum Kämpfen stehst und wie dein Sohn dazu steht. Vielleicht ist meine Sicht neu für dich. Vielleicht hast du dir beim Lesen direkt gedacht: „Endlich schreibt's mal einer." Vielleicht ist das Ganze aber auch nicht einfach für dich. Wir alle sind schließlich mit ganz bestimmten Werten und Sichtweisen aufgewachsen. Es könnte auch sein, dass dein Sohn das Kämpfen total anders sieht als du. Vielleicht ist er voll im „Ich besiege alle"- oder dem „Die anderen sind mir egal"-Modus. Hier zwei Möglichkeiten, was du jetzt machen kannst:

Bei der Sicht auf dich und deine Werte und was du zu dem Thema Kämpfen fühlst, darfst du entspannt mit dir umgehen. Du musst nicht über Nacht deine Meinung ändern. Schau dir die verschiedenen Meinungen an und gucke, was das mit dir macht. Lass dir Zeit.

Bei deinem Sohn darfst du mit positiven Fragen starten. Lass dort deine negativen Befürchtungen erst mal beiseite und starte neu. Es gibt viele tolle Fragen, die du ihm dazu stellen kannst. Lass die Fragen erst mal nur auf dich wirken und bewerte sie nicht. Du wirst viele Wünsche, Sehnsüchte und Gefühle in den Antworten finden. Das darf euch beiden richtig Spaß machen.

EINSTELLUNG ZUM KÄMPFEN – DAS KANNST DU DEINEN SOHN FRAGEN

„Was macht dir am meisten Spaß beim Kämpfen?"

„Mit wem würdest du gerne mal kämpfen?"

„Was war ein toller Kampf, den du mal hattest?"

„Mit wem kämpfst du am liebsten?"

Tipp 2: Wie geht Kämpfen?

Schaffe für deinen Sohn eine Situation, in der er gewaltlos kämpfen kann. Hier ein paar Tipps dazu:

Wo wird gekämpft?
Lass ihn nur in einem Raum kämpfen, der dafür geeignet ist. Es sollte nichts kaputt gehen können, er sollte sich möglichst nicht verletzen können und es sollte niemand gestört werden.

Wie wird gekämpft?
Es wird grundsätzlich ohne Gewalt gekämpft. Niemand tut etwas, was der andere nicht will. Dabei achtet jeder darauf, dass weder er selbst noch die anderen verletzt werden. Dabei sollten alle ehrlich sein und die Regeln beachten.

Nach welchen Regeln wird gekämpft?
Die Regeln machen grundsätzlich nicht wir Erwachsenen, da das sonst unser Spiel ist. Die Kinder sollen ihr Spiel spielen, deshalb machen sie die Regeln. So identifizieren sie sich viel besser damit und die Regeln werden nicht so schnell gebrochen. Sollte dir aus deiner Erfahrung eine Regel fehlen, fragst du die Kinder einfach: „Und was ist mit dem Hals? Dürfen wir an den Hals gehen?“ Dazu ein verzogenes Gesicht deinerseits und alle stimmen sofort dagegen. Niemand will, dass man ihm an den Hals geht. Die Regeln müssen vor dem Kampf klar sein. Regelbrüche und Ungerechtigkeiten werden sofort nach der Runde besprochen. Die Runde sollte dafür aber nicht abgebrochen werden. Das würde zu viel Chaos reinbringen.

Rituale

Rituale sind eine großartige Möglichkeit, um Geradlinigkeit und Sicherheit einzubringen. Ihr habt zum Beispiel ein Startritual, das zeigt, dass alle da sind. Oder eines, das den Schluss eurer Kampfesaktion darstellt. Das wichtigste Ritual ist jedoch das, in dem sich die Kämpfenden vor dem Kampf versprechen, fair miteinander zu kämpfen. Das kann zum Beispiel ein Abklatschen oder, wie im Kampfsport, eine Verbeugung sein. Nach dem Kampf muss das Ritual wieder gemacht werden, damit die Kämpfe von dem Ritual geschlossen werden. Damit zeigen sich alle, dass alles okay und nichts mehr offen ist oder noch besprochen werden muss.

Tipp 3: Wie erkläre ich das anderen, unserer Kita zum Beispiel?

Du hast jetzt eine Idee, wie du mit dem Kämpfen umgehst. Du hast klar, was du bei dem Thema empfindest, und bist okay damit oder es macht dir sogar richtig Spaß. Du hast vielleicht auch schon ein paar Kämpfe für deinen Sohn und seine Freunde veranstaltet und weißt, wie gut es funktionieren kann und was für ein Gewinn es für alle Beteiligten ist. Leider sieht das die Kita deines Kindes anders. Du hast vielleicht schon die Erzieherinnen und Erzieher darauf angesprochen oder sogar schon mit ihnen diskutiert, leider ohne Erfolg. Du kannst jetzt zwei Dinge tun:

1. Sei okay damit. Sei den Kita-Fachkräften nicht böse. Vielleicht haben sie gute Gründe dafür, so zu handeln. Vielleicht wissen sie nicht, wie sie mit dem Thema umgehen sollen. Es bringt auf jeden Fall nichts, gegen sie zu argumentieren oder sie anzugreifen. Denk immer daran, dass du mit ihnen zusammenarbeiten solltest, auch wenn ihr mal nicht einer Meinung seid. Am Ende geht es schließlich

um die Unterstützung für deinen Sohn. Das wollen die Fachkräfte schließlich auch.

2. Übernimm nicht die Verantwortung dafür, wie die Fachkräfte handeln. Es ist nicht deine Aufgabe, ihnen das Thema zu erklären. Das ist dann mein Job. Diese Arbeit übernehme ich gern für dich und komme in die Kita deines Kindes für ein Seminar mit den Fachkräften. Gib dazu gern meine Kontaktdaten an die Einrichtungsleitung weiter.

Man muss auch mal verlieren können

An einem ruhigen und entspannten Spätnachmittag wollt ihr es euch ein bisschen gemütlich machen. Und was ist gemütlicher als eine Runde „Mensch ärgere dich nicht"? Nach dem Aufbauen geht es auch gleich los. Die ersten Sechsen werden gewürfelt, die Figuren flitzen durch die Gegend und schmeißen andere raus. Das Rausschmeißen macht deinem Sohn viel Spaß. Rausgeschmissen zu werden, findet er überhaupt nicht witzig. Nach einiger Zeit ist dir klar: Du wirst auf jeden Fall gewinnen. Das bedeutet aber auch, dass er auf jeden Fall verlieren wird. Auch er erkennt das irgendwann und wird ziemlich ungeduldig. Als die letzte deiner Figuren auf deinem Zielfeld ist, flippt er aus. Er ist sauer, schimpft, will nie wieder spielen und findet alles einfach nur ungerecht.

Vielleicht geht dir jetzt so was durch den Kopf wie „So ist das eben im Leben" und „Er muss halt lernen, auch mal zu verlieren". Helfen tun dir diese Gedanken aber erst mal nicht. Du fragst dich, wie du ihn jetzt am besten begleiten kannst.

Was passiert hier?

Wenn wir ein Spiel spielen, dann wollen wir es auch gewinnen. Einige von uns wollen das unbedingt und für andere wäre es „ganz okay". Wenn sie mal nicht gewinnen, ist das auch in Ordnung. Wenn dein Sohn unbedingt gewinnen will, dann kann das die verschiedensten Gründe haben.

Er hat vielleicht Vorbilder wie dich, seinen Opa oder ältere Geschwister, von denen er gelernt hat, dass Gewinnen wichtig ist. Solche Werte und Glaubenssätze braucht man nicht mal aussprechen. Die erkennt dein Sohn und kopiert sie für sein Leben. Vielleicht hat er auch in seiner Kita-Gruppe andere Kinder, die mit Kindern, die ein Spiel verlieren, nicht nett umgehen.

Ich habe mit vielen Jungs gearbeitet, bei denen es beim Gewinnen um Leistung geht. Das geht sogar so tief, dass sie sich nur als „richtige Jungen" fühlen, wenn sie Gewinner sind. Das ist natürlich eine Koppelung, die alles andere als gesund ist. Denn das Jungesein hat Auswirkungen auf das Existenzgefühl. Die Idee dieser Jungen ist: Ich gewinne nicht, also leiste ich nicht, somit bin ich kein „echter Junge" und damit ist meine Existenz angegriffen. Zugegeben, das geht sehr tief und zum Glück wird diese Einstellung, meiner Erfahrung nach, bei den Jungen immer seltener. Wahrscheinlich geht das Ganze bei deinem Sohn nicht so tief. Aber jetzt weißt du, wie wichtig Gewinnen sein kann.

Tipp 1: Den Wert des Gewinnens nicht runterspielen

Viele Eltern, gerade die, denen Gewinnen nicht so wichtig ist, spielen die Wichtigkeit vom Gewinnen bei ihrem Kind runter. Da kommen dann Sätze wie „Man kann halt nicht immer gewinnen“, „Mal gewinnt man, mal verliert man“ oder „Ist doch nicht so schlimm“. Die Idee dahinter ist nicht falsch. Du stufst die Wichtigkeit des Gewinnens runter, somit geht auch der Eskalationsgrad deines Sohnes runter. Solltest du das schonmal ausprobiert haben, wirst du höchstwahrscheinlich bemerkt haben, dass dein Junge da nicht mitgeht. Ihm ist Gewinnen sehr wichtig. Wenn er merkt, dass dir das nicht so wichtig ist, hat er das Gefühl, du wirst ihm nicht helfen können.

Du kannst ihm also besser helfen, wenn du das Gewinnen als wichtig empfindest. So kann er sich mit dem, was du ihm sagst, besser identifizieren. Wenn du ihm recht gibst und sagst, dass du dich auch ärgern würdest, kann er damit mehr anfangen. Dann kommt der Moment, wo du ihn fragen kannst, wie man das Spiel besser machen könnte. Es geht dabei weniger darum, dass er jetzt Spieleentwickler wird. Mit der Frage kommt er aber vielleicht aus der Meckerhaltung in einen Machermodus. So übernimmt er mehr Verantwortung für die Situation und kann bei der Lösung helfen, anstatt nur dagegen zu sein. Das Ganze ist vor allem ein Gedankenspiel zum Ausprobieren.

Tipp 2: Echte Herausforderungen suchen

Wenn dein Sohn bei einem Spiel häufiger verliert, dann ist es nicht die richtige Herausforderung für ihn. Für eine gute Herausforderung sind verschiedene Faktoren wichtig. Sie darf nicht zu schwer sein. Sonst macht sie keinen Spaß. Sie darf aber auch nicht zu leicht sein.

Wenn ich schon am Anfang weiß, dass ich gewinnen werde, macht das irgendwann auch keinen Spaß mehr.

In meiner Freizeit übe ich mich im Karate. Ich habe in meiner Jugend viele Wettkämpfe bestritten und mir hat es jedes Mal richtig Spaß gemacht, wenn ich ein Turnier gewann. Wenn ich dann verlor, fand ich es aber immer ganz schrecklich. Wenn ich heute einen partnerschaftlichen Kampf mit einem anderen Karateka beim Training habe, mach es mir besonders Spaß, wenn mein Partner oder meine Partnerin gleich gut ist. Ich muss mich dann richtig anstrengen und es macht mir Spaß, verschiedene Strategien auszuprobieren. Das ist natürlich eine Sicht, die man schlecht einem Jungen im Kita-Alter vermitteln kann. Wenn ich das jedoch lebe, dann kann mein Sohn sich das von mir abgucken.

Grundsätzlich gilt: Suche deinem Sohn gern eine Herausforderung, die ihn fordert, in der er aber auch eine gute Chance zu gewinnen hat.

Tipp 3: Kooperationsspiele

Mittlerweile ist das Angebot im Bereich der Brett- und Kartenspiele sehr groß und vielfältig. Zu den Klassikern sind viele neue Spiele hinzugekommen. Wie wäre es mal mit einem Spiel, bei dem man zusammen und nicht gegeneinander spielt? Probiere mit deinem Sohn ein kooperatives Spiel aus. Ihr könnt so gemeinsam gewinnen. Vor allem aber könnt ihr auch gemeinsam verlieren. Ihr seid beide in der gleichen Situation und könnt die Emotionen teilen. Dabei darfst du auch richtig sauer sein, wenn ihr beide verliert. Oder ihr feiert euch beide ab, wenn ihr gewinnt.

SPIELELISTE: MEINE TOP-3-SPIELE FÜR KINDER IM KITA-ALTER

Memoarrr (Pegasus Spiele)

Es gibt zwei Dinge, die mich als Erwachsenen langweilen, wenn ich mit meinem Kind Memory spiele: Ich verliere zu oft, und das gegen mein Kind. Die Kleinen sind schon so gut im Memoryspielen. Das Zweite, was mich nervt, ist der langweilige Spielverlauf – einfach nur Kärtchen mit Tiersymbolen oder den aktuellen Helden meiner Kinder aufzudecken, ist doch etwas eintönig.

Memoarrr macht das Ganze interessanter, indem es die Memory-Spielidee abwandelt. Es ist etwas spannender für dich, ohne viel komplizierter für die Kinder zu werden. Leider verliere ich hier genauso oft. Die Kinder sind einfach zu gut.

Magic Maze Kids (Pegasus Spiele)

Bei Magic Maze geht es darum, Spielfiguren durch ein Labyrinth zu führen. Das Originalspiel ist eher etwas für die Älteren. In der Kids-Version leitet euch ein Tutorial durch das Spiel, welches ihr gemeinsam durchspielen könnt. Ihr werdet durch die verschiedenen Spielpläne geführt, die ganz leicht beginnen und dann immer schwerer werden. Dabei spielen alle zusammen. Das Spiel ist nämlich kooperativ.

Mensch ärgere dich nicht

Der Klassiker. Von Nostalgikern geliebt, weil man es eben früher mit Oma gespielt hat. Von Brettspieleliebhabern eher verachtet, weil die Spielidee im Grunde doch echt simpel und die Einflussmöglichkeiten sehr gering sind. Das Schöne ist: Du kannst selbst entscheiden, ob es dir Spaß macht oder nicht. Wusstest du eigentlich, dass die Originalregel gar nicht besagt, dass man am Anfang eine Sechs braucht, um rauszukommen?

Schaukeln bis zum Himmel? Oder lieber doch nicht?

Ihr seid bei Freunden eingeladen. Sie wohnen in einem schönen, gemütlichen Haus am Stadtrand. Da es gutes Wetter ist, seid ihr draußen in ihrem Garten. Dein Sohn schaukelt mit dem Sohn der anderen Familie, während du dich mit seinem Vater unterhältst. Ihr habt einen leckeren Kaffee in der Hand und steht neben der Schaukel. „Krieg ich Anschwung?“, fragt dich dein Sohn. Du stellst den Kaffee beiseite und gibst deinem Sohn ein paar Schwünge. Das reicht ihm jedoch nicht. Er will immer mehr und höher. „Bis zum Himmel!“, ruft er. Du antwortest ihm, dass das jetzt hoch genug sei. „Ach, das geht noch höher. Das machen wir immer so. Was soll groß passieren?“, mischt sich der andere Vater ein und gibt seinem Sohn einen ordentlichen Schwung.

Du möchtest nicht überängstlich rüberkommen, willst aber auch nicht, dass deinem Sohn etwas passiert. Du fragst dich, ob wirklich noch nie etwas bei dem anderen Vater und seinem Sohn passiert ist, ob er das nicht übertreibt oder ob du deinem Kind damit etwas verwehrst.

Was passiert hier?

Es geht hier um Risiko, wie wir es einschätzen und damit umgehen. Risikomanagement, wie es auch in Kita und Schule heißt, ist eine wichtige Sache. Damit unsere Kinder etwas lernen und über sich hinauswachsen, ist es wichtig, dass sie immer mal wieder über ihre Grenzen gehen. Wenn ein Kind immer im sicheren Bereich bleibt, kann es sich nur schwer weiterentwickeln. Unsere Unterstützung dabei ist sehr wichtig. Wir müssen immer wieder abschätzen, ob wir unserem Kind etwas schon zutrauen oder ob eine Herausforderung noch zu groß ist. Dabei kann beides schlecht sein. Indem wir unser Kind zu große Risiken eingehen lassen, kann es sich verletzen oder schlechte Erfahrungen machen. Wenn wir immer das Risiko für unser Kind minimieren, können wir verhindern, dass es wichtige Dinge fürs Leben lernt. Jede Situation immer neu einschätzen und immer wieder die Vor- und Nachteile abzuwägen, ist unsere Aufgabe. Dabei helfen dir vielleicht ein paar Gedanken.

Tipp 1: Das eigene Risikoempfinden

Hinterfrage immer wieder dein eigenes Risikoempfinden. Schau dir genau an, welche Entscheidungen du für dein Kind triffst. Dabei darf dein Kind die Hauptrolle spielen. Du solltest dich aber nicht schlecht mit deinen Entscheidungen fühlen. Für eine bessere Einschätzung kannst du dir folgende Fragen stellen:

DEIN RISIKOEMPFINDEN – DAS KANNST DU DICH FRAGEN

„Warum habe ich gerade wirklich Angst?"

„Was glaube ich, könnte schlimmstenfalls passieren?"

„Wie hoch schätze ich den Wert von dem ein, was mein Kind gerade trotz des Risikos lernen könnte?"

„Sind meine Ängste in dieser Situation begründet? Ich bin nicht mein Sohn. Geht er vielleicht mit dieser Situation anders um als ich? Wäre das okay für mich?"

Tipp 2: Wann bringt es ihn weiter?

Deine Aufgabe in Risikosituationen ist, den möglichen Lerneffekt gegen das tatsächliche Risiko, dass etwas Schlimmes passieren könnte, abzuwägen. Dabei ist die Frage immer gut, wie und ob deinen Sohn das erfolgreiche Meistern seiner aktuellen Herausforderung weiterbringt. Oft sind es die kleinen Situationen, an denen er wächst. Hier ein paar davon als Beispiele, damit du ein paar Bilder im Kopf hast:

- Auf einem Klettergerüst noch eine Sprosse höher klettern
- Beim Schwimmenlernen
- Beim Basteln mit der Schere
- Beim Schaukeln und Abspringen
- Beim Kerzeanzünden

Tipp 3: Wenn andere die Situation einschätzen

Zum Schluss noch ein kleiner Tipp, wie du damit umgehen kannst, wenn andere diese Entscheidungen für dich treffen. Das können mal Opa und Oma sein, mal Freunde und sehr oft sogar die Fachkräfte in der Kita. Dort treffen die Erwachsenen sehr viele Entscheidungen, bei denen sie dein Kind einschätzen müssen. Das fällt uns gar nicht so leicht. Denn eigentlich kennen wir unser Kind ja am besten. Wir wissen, was es schon kann und was noch nicht.

Wenn du die Situation hast, dass andere auf dein Kind aufpassen, solltest du immer zwei Dinge tun. Du solltest diese Personen gut einschätzen, ob sie die Aufgabe auch wirklich übernehmen können. Hier solltest du keine „Hoffentlich-Entscheidung“, sondern immer eine klare „Ja-Entscheidung“ oder „Nein-Entscheidung“ treffen. Ist deine Entscheidung ein Ja, dann ist es wichtig, dass du dieser Person auch vertraust. Wenn du dauernd die Entscheidungen dieser Person bezüglich deines Kindes infrage stellst, hast du keine Ruhe. Sobald du dich für Ja entschieden hast, gib ab. Das heißt natürlich nicht, dass du die Entscheidungen der Person gar nicht mehr hinterfragst.

Superhelden können echt nerven

Egal ob beim Einkaufen, beim Essen oder bei der Autofahrt, es geht immer nur um seine Lieblingsfigur. Feuerwehrmänner, Hunde als Bauarbeiter, Sternenkrieger oder Ninja – viele Jungs wollen mächtige, heroische Charaktere sein. Das ist ja auch okay. Du wärest vielleicht auch gerne mal jemand anderes. Aber IMMER? Und dann noch mit so viel Energie und als einziges Thema. Wenn er so wenigstens mal sein Zimmer aufräumen oder am Tisch essen würde ... Warum interessiert er sich nicht für „Zimmeraufräum-Man“ oder „Ich esse mein Gemüse auf-Hero“? Scherz beiseite. Denn an sich ist das ja alles gut so. Leider interessieren dich die Themen nicht wirklich. So sehr du es auch versuchst, du kannst nichts damit anfangen. Bei diesem extremen Interesse seinerseits fragst du dich: warum? Warum interessiert er sich so sehr für diese Themen und diese anderen Welten? Gucken wir uns doch mal genauer an, was da los ist.

Was passiert hier?

Es gibt Dinge in unserem Leben, die uns weniger interessieren und es gibt Dinge, die uns mehr interessieren. Und dann gibt es noch Dinge, bei denen wir regelrecht fanatisch sind. Das klingt erstmal heftig, ist aber etwas sehr Schönes und kann großen Spaß machen. Es bedeutet nämlich, wir sind Fan (= fanatisch). Auch wir Erwachsenen kennen das. Ob wir nun unsere Lieblingssportmannschaft, unsere Lieblingsserie oder eine Person in der Öffentlichkeit, die wir toll finden, bewundern oder uns mit ihr identifizieren. Letzteres ist genau das, was bei den Kindern passiert. Dein Sohn identifiziert sich mit jemandem. Häufig mit jemandem oder etwas, was ungefähr das Gegenteil von dem ist, wie er sich fühlt. Fühlt er sich also eher klein, schwach und ohnmächtig oder möchte er einfach nur noch mächtiger sein als er ist, dann wünscht er sich in die Rolle eines eher mächtigen Wesens. Das kann ein Held wie ein Feuerwehrmann sein oder ein wilder Tyrannosaurus Rex oder ein bekannter Fußballspieler, der alle Tore schießt. Wichtig ist: Das alles ist ein Rollenspiel, in dem er sich ausprobiert. Auch wenn er das Spiel vielleicht manchmal ganz schön übertreibt, ist es in der Regel gesund und gut, dass er das spielt. Er setzt sich so aktiv mit seinen Gefühlen und Emotionen auseinander. Wenn du das Thema jetzt ablehnst und ihm sagst, dass dich das nicht interessiert, dann trifft ihn das, weil diese Rolle Teil seiner Identität ist. Er identifiziert sich damit.

Vielleicht sagst du dir jetzt: „Super, hab' ich verstanden. Mich nervt das aber tierisch ..." Dann schauen wir doch mal, wie du damit umgehen kannst.

Tipp 1: Bleib authentisch

Du könntest deinem Sohn natürlich etwas vorspielen und ihm erzählen, dass du seinen Superhelden auch toll findest. Aber erstens willst du dein Kind nicht belügen und zweitens würde dich das am Ende nur noch mehr nerven, bis du es nicht mehr aushältst. Bleib lieber authentisch. Um den langen Storys und Erklärungen seines Helden hin und wieder auszuweichen, kannst du ihm sagen: „Tut mir leid, ich habe gerade etwas anderes im Kopf und kann mich nicht auf deine Geschichte konzentrieren." Wenn du willst mit dem Zusatz: „Vielleicht magst du mir später davon erzählen."

Tipp 2: Welcher Superheld wärst du gern und warum?

Auch ich kenne das Gefühl, so überhaupt keine Lust auf das Thema meines Sohnes zu haben. Hier nutze ich gern einen Trick: Egal, was dein Sohn dir erzählt und egal, wie langweilig das für dich ist, finde den für dich interessanten Teil. Bei mir ist das ganz oft der Grund, warum er jetzt genau diese Geschichte von seiner Lieblingsfigur erzählt. Erzählt er beispielsweise, wie mächtig sein Held ist, dann versuche ich herauszufinden, wie er das Thema Macht sieht. Ich frage dann zum Beispiel: „Wärst du auch gern so stark wie ein T-Rex? Was würdest du dann machen?“ Hier könnte sich das Thema Selbstwirksamkeit zeigen.

„Wenn du einen Einsatz in einem brennenden Haus als Feuerwehrmann hättest, was würde dir danach passieren?“ Hier wäre es interessant, wie und ob er seinen erfolgreichen Einsatz feiert oder ob er gleich ins nächste Abenteuer springt.

Jetzt kann es natürlich auch sein, dass dich auch das nicht sonderlich interessiert oder du auch damit nur wenig anfangen kannst. Dann versuche selbst, etwas Interessantes für dich in seinen Geschichten zu finden. Oder du probierst Tipp 3 aus.

Tipp 3: Die Sanduhr

Mein dritter Tipp kombiniert zwei Dinge und holt das Beste aus ihnen heraus. Zum einen haben wir das unbändige Bedürfnis unseres Sohnes, uns alles über sein Thema zu erzählen, zum anderen haben wir unser sehr begrenztes Interesse, uns eine Frikadelle ans Ohr sabbeln zu lassen. Du nimmst eine Sanduhr oder Stoppuhr mit beispielsweise einem Counter von 60 Sekunden. Dann erklärst du deinem Sohn:

„Du hast jetzt eine Minute Zeit, mir von deinem Thema zu erzählen und mir dabei zu erklären, dass es das coolste Thema der Welt ist und zu sagen, warum ich das auch so sehen sollte.“ Das aktiviert den Herausforderungsmodus deines Sohnes und er wird loslegen, mit voller Energie. So kann er mal alles rauslassen, ohne sich zurückzuhalten und du wirst es überleben, weil du weißt, dass das Ganze nach einer Minute vorbei ist. Anschließend solltest du irgendwas aus der Küche holen oder etwas anderes erledigen, damit ihr eine kleine Unterbrechung habt.

Digitale Games und Medien

Es ist ein ruhiger und entspannter Nachmittag. Ihr sitzt im Wohnzimmer und du hast ein bisschen Zeit für dich, denn dein Sohn beschäftigt sich mit dem Tablet. Eben hat er noch ein bisschen mit seiner Lieblingsapp gespielt und jetzt schaut er sich eine Folge seiner Lieblingsserie an. Ganz schön aufgedreht, was da alles passiert, denkst du dir. Dann widmest du dich wieder deinem Handy und wischst dich durch Social Media und deinen Messenger.

Nebenbei geht dein Blick wieder auf deinen Sohn und dich überkommen diverse Fragen: Wie lange ist er jetzt eigentlich schon am Tablet? Wie lange darf er das eigentlich in seinem Alter tun, bis es ungesund wird? Du gibst die Frage über dein Handy in die Suchmaschine ein und bekommst alle Antworten, die möglich sind. Einige widersprechen den anderen und so findest du keine Antwort auf deine Frage. Warum gibt es da eigentlich noch keine einheitliche Meinung von irgendeinem Professor Doktor? Du schaust wieder zu deinem Sohn rüber. Was guckt der da eigentlich? Da geht es ja ganz schön ab in seiner Serie. Ist das vielleicht zu doll? Ist er danach wieder so aufgedreht? Wobei er gestern nach den zwei Folgen ja sehr entspannt war.

Was hat er da eigentlich gerade für eine App gespielt? Sollte er eigentlich schon Spiele auf dem Tablet spielen? Na ja, machen Freunde von ihm ja auch schon. Und wenn alle Eltern und dann eben auch du die falsche Entscheidung treffen? Das wäre dann vielleicht nicht rückgängig zu machen. Und alles verbieten ist ja irgendwie auch nicht die Lösung.

Du liest noch ein paar Artikel im Internet zu dem Thema. In dem einen sollte man alle Tablets von Kindern im Kita-Alter fernhalten. Andere wiederum behaupten, dass der Umgang mit Medien heute einfach dazugehört, also auch zur Kindererziehung. Du bist also genauso schlau wie vorher. Eigentlich wolltest du nur mal einen entspannten Nachmittag haben und jetzt nerven dich diese ganzen Fragen. Bringen wir mal etwas Licht ins Dunkel.

Was passiert hier?

Elektronische Medien sind längst überall in unserer Gesellschaft zu finden. Sie sind nicht mehr wegzudenken. Doch was die Kindererziehung angeht, gibt es die wildesten Theorien und Ideen, wie das alles ablaufen soll. In diesem Buch beschäftigen wir uns nicht mit dem Thema, ob elektronische Medien, Social Media, Messenger und alles, was dazu gehört, sinnvoll sind. Das muss jeder und jede für sich selbst entscheiden. Hier geht es um die Auswirkungen und vor allem einen möglichen Umgang mit der Thematik.

Wir wissen, dass zu viel von diesen Dingen uns nicht guttut. Da sie aber Teil unserer Gesellschaft sind, ist es nicht einfach, den richtigen Umgang damit zu finden. Natürlich kannst du auch einfach erst mal alles verbieten. Auch das kann eine Lösung sein. Was das Thema Medien angeht, gibt es nicht DIE Lösung. Ein guter Umgang hängt von verschiedenen Faktoren ab. Um dir aber ein paar Dinge mit auf den Weg zu geben, habe ich hier mal das Wichtigste für dich zusammengetragen, was für mich eine gute und erfolgreiche Kindererziehung unterstützt. Wir starten mit vier Schritten. So kannst du loslegen.

Tipp 1: Vier erste Schritte für einen guten Start

Schritt 1: Ab wann darf's losgehen?

Meiner Meinung nach so spät wie möglich. Dein Kind wird keinen Nachteil haben, wenn es in die Schule kommt und den Umgang mit dieser Art von Elektronik noch nicht gelernt hat. Heute sind Apps so aufgebaut, dass Kinder sehr schnell lernen, wie sie funktionieren. Alles ist so programmiert, dass Kinder die Apps intuitiv bedienen können.

Sollte das Thema aufkommen, versuche es erst mal herunterzuspielen. Dadurch gerät es erst mal wieder aus dem Fokus deines Kindes und ihr könnt euch dem Thema später widmen.

Schritt 2: OK, aber wann kümmere ich mich um das Thema?

Dass sich dein Sohn erst mal nicht mit dem Thema auseinandersetzt, bedeutet nicht, dass du das auch nicht machen musst. Grundsätzlich gilt: Sei deinem Kind immer ein paar Schritte voraus.

Es interessiert sich für ein eigenes Tablet? Du hast dich schon informiert und weißt, welches das geeignete ist und welche Einstellungen du dort vornimmst.

Dein Kind will immer längere Spielzeiten? Du hast schon einen „Vertrag“ im Kopf, den du mit ihm eingehst.

Dein Kind will sich irgendwo anmelden? Du weißt, welche E-Mail-Adressen ihr benötigt und welche Zugänge du ihm damit gewährst. Doch dazu später mehr.

Schritt 3: Ja, aber wie lange darf er denn nun spielen?

Es gibt nicht DIE richtigen Zeiten. Du kannst da was im Internet finden und Freunde fragen, wie sie das mit ihren Kindern handhaben. Das übernimmst du und schaust dafür auf andere Dinge, die unter Umständen viel wichtiger sind.

Ist dein Kind nach der Medienzeit hibbelig und aufgedreht? Dann war es wahrscheinlich zu lange am Stück oder die falschen Medien. Schau genauer hin, was wer wann und wie lange konsumiert. Das hilft dir, das nächste Mal zu variieren und zu vergleichen. Geht es ihm mit weniger Spielzeit besser? Braucht er doch andere Spiele oder Inhalte?

Will dein Kind nach der Spielzeit nichts anderes machen? Gibt es vielleicht gar nichts anderes, weshalb er sein Tablet mal aus der Hand legen möchte? Dann ist er wahrscheinlich zu viel Zeit am Gerät. Versucht, Alternativen für ihn zu finden, Dinge, die er genauso gerne mag oder sogar noch lieber. Legt er beispielsweise das Tablet sofort aus der Hand, wenn ihr draußen ein Ballspiel spielen wollt oder du ihm anbietest, mit ihm etwas zu malen? Dann geht es ihm wahrscheinlich noch gut damit.

Schritt 4: Alles klar, aber wie genau stelle ich denn die Regeln auf, wann und wie lange er spielen darf?

Dafür gibt es grundsätzlich zwei Möglichkeiten. Du siehst, auch hier kommt wieder die Individualität durch.

Möglichkeit 1: Ihr sprecht klare Regeln ab. Ihr legt genau fest, wann, wie viel, wie lange und was gespielt wird. In diesem Fall würde ich möglichst keine Ausnahmen machen. Je mehr Ausnahmen, desto schwammiger wird das Ganze für ihn und er verliert den Überblick.

Eine Ausnahme gab es bei uns immer bei Krankheit. Wenn eines unserer Kinder krank im Bett lag, dann durfte auch mal mehr geguckt oder später auch mal eine Runde mehr gespielt werden.

Möglichkeit 2: Ihr findet einen flexiblen Umgang mit dem Nutzen von Medien. Dafür sprecht ihr euch immer wieder ab. Du kannst ihm dann verschiedene Fragen stellen.

„Wie viel hast du denn heute schon gespielt?“
„Wie lange möchtest du denn jetzt spielen?“
„Wie fühlst du dich gerade? Bist du gerade nicht zu müde zum Spielen?“

Tipp 2: Vier Dinge, die ich gern vorher gewusst hätte

1. Der erste Vertrag

Ja, das hört sich schon ganz schön überzogen an, oder? Ein Vertrag ... mit einem Kita-Kind. Das ist noch nicht mal in der Schule. Zugegeben, der Vertrag ist eher etwas für Vorschulkinder oder Kinder, die schon in der Schule sind. Ich hätte es aber gern früher gewusst, da ich das Ganze vorbereitet hätte.

Bei dem Vertrag geht es darum, dass ihr tatsächlich einen Zettel nehmt und eure Bedingungen wie Spielzeit, Spiellänge und Videozeit draufschreibt. Wenn ihr die Verhandlungen beendet habt und alle zufrieden sind, dann unterschreibt jeder und jede mit Namen. Nun müssen sich alle daran halten. Das Ganze kannst du auch mit Symbolen machen, da dein Kind natürlich noch nicht lesen kann.

Dein Sohn lernt dadurch das Verhandeln und was schriftliche Verträge sind. Etwas, was er in seinem Leben immer wieder brauchen wird.

2. Nur noch eine Runde …

Computerspiele haben sich in den letzten Jahren sehr verändert. Heute spielt man auf dem Handy mit Spiele-Apps. Es ist sehr hilfreich zu wissen, was dein Sohn spielt und wie das Spiel funktioniert. Es gibt Spiele, die in Runden ablaufen. Dabei kann eine Runde drei Minuten oder zehn Minuten gehen. Tatsache ist, dass dein Kind nicht zum Essen kommen wird, wenn es noch in einer Runde steckt. Später wird es vielleicht Spiele geben, bei denen eine halbe Stunde viel zu kurz ist. Sich dafür einzuloggen, wenn es in zehn Minuten Essen gibt, ergibt dann keinen Sinn. Du merkst, es ist sehr hilfreich, sich diese Spiele erklären zu lassen. Wenn du weißt, dass die Runde gleich zu Ende ist, dann kannst du gleich ganz anders zum Abendessen bitten.

3. Eigene E-Mail-Konten

Ja, ein sehr technisches Thema. Ich hätte es aber gerne früher gewusst und meinen Kindern die Tränen erspart. Als unsere Kinder anfingen, Spiele auf dem Tablet zu spielen, war es irgendwann auch so weit, dass sie dafür eigene Spielstände hatten. Das Problem war, dass diese Spiele über den Account von mir oder meiner Frau liefen. Irgendwann bekamen sie einen eigenen Account, weil wir mit unserem nicht mehr auf dem Tablet sein wollten. Die Spielstände waren aber an den Account gebunden und so haben sie das verloren, was sie sich über Monate hinweg erspielt hatten. Schau also eher früher als später, ob es nicht an der Zeit ist, dass dein Sohn seine eigene E-Mail-Adresse bekommt. Selbstverständlich bleibt diese erst mal unter deiner Kontrolle. Er kann in den ersten Jahren eh noch nichts damit anfangen.

4. Aber alle anderen dürfen auch

Du kennst ihn wahrscheinlich, den Mythos von „Aber die anderen ..." Auch ich durfte ihn erleben und aus „Alle anderen" wurde beim Nachfragen dann ganz schnell „Der eine andere" oder „Die zwei anderen". Schau dir ganz genau an, wen dein Sohn mit „Alle anderen" meint und lasse dich nicht unter Druck setzen. Du darfst leider außerdem davon ausgehen, dass die meisten Eltern mit dem Thema Medien überfordert sind und die falschen Entscheidungen treffen. Bleib da also einfach bei dir.

Tipp 3: Habt Spaß

Bei all dem Hin und Her und dem Dafür und Dagegen achte darauf, dass es euch Spaß macht, dieses Thema gemeinsam zu entdecken. Nimm die Schwere raus und versuche einfach, genauer hinzugucken und gute Entscheidungen zu treffen. Wenn du die falschen triffst, merkst du es auch. Dann triff neue Entscheidungen und nimm deinen Sohn mit. Übrigens: Digitale Spiele können großen Spaß machen, vor allem, wenn man sie gemeinsam mit seinen Kindern spielt. Da hatte ich schon großartige Momente von „Schau mal Papa, was ich hier gebaut habe" bis „Komm Papa, ich weiß, wo es hier langgeht und wo die Gefahren lauern". Viel Spaß wünsche ich dir dabei!

Innere und äußere Kämpfe

Wer Kinder hat, weiß, es gibt nicht nur die schönen und harmonischen Momente. Manchmal kämpfen wir mit unseren Kindern, sind genervt von ihnen oder wünschten uns, sie würden jetzt einfach mal funktionieren. Dabei kämpfen wir mal mit ihnen, reiben uns oder verzweifeln an ihnen. Das ist völlig normal. Vielleicht bist du aber trotzdem immer wieder unsicher, ob dein Sohn dich testen will, Streit sucht oder dich ärgern will – und würdest gern wissen, wie du am besten damit umgehen kannst.

Rettung naht

Bevor wir gemeinsam durch ein paar Situationen gehen, möchte ich dir noch drei Dinge zu diesem Thema mit auf den Weg geben. Diese drei Impulse unterstützen dich dabei, dich nicht zu sehr aufzureiben und zu verzweifeln. Denn dieser Teil eurer Beziehung kann tatsächlich der anstrengendste von allen sein.

Perfektionismus in der Pädagogik

Es gibt immer noch viele, die ihn suchen, den Perfektionismus in der Erziehung. Das Ziel ist klar: Alles soll nach Plan laufen, Probleme werden sofort gelöst. Tatsächlich kann das nur schiefgehen. Perfektionismus in der Erziehung funktioniert aus vielerlei Gründen nicht.

Dein Verhalten gegenüber deinem Kind ist immer von deiner Verfassung und der deines Kindes abhängig. Bist du erschöpft, dann hast du oft nicht die Energie, positiv und aufgeschlossen in den Kontakt mit deinem Kind zu gehen. Du kannst so nicht das Optimum aus der Situation holen.

Erziehung passiert immer in laufender Zeit. Das bedeutet, du musst oft direkt auf das Verhalten deines Kindes reagieren. Du kannst nicht die Zeit anhalten und alle Vor- und Nachteile abwägen, um dann die beste Entscheidung zu treffen. Das alles muss häufig in Sekunden passieren.

Es ist sogar so, dass deine Erziehung gar nicht perfekt sein sollte. Du brauchst nicht perfekt sein. Unsere Kinder nehmen uns in der Regel als Vorbild. Wärst du also ein perfektes Vorbild, dann könnte dein Sohn das nicht erreichen und könnte bei dem Versuch daran zerbrechen. Du darfst also gerne unperfekt sein, Fehler machen und falsche Entscheidungen treffen. Du bist auch nur ein Mensch und darfst auch mal ungerecht sein oder gemeine Entscheidungen treffen. Wenn du das anschließend auflöst und dich umentscheidest, dann kann dein Kind lernen, wie es mit Fehlern umgehen kann. Es geht also nicht darum, die perfekten Eltern zu sein und das perfekte Leben zu führen. Es geht darum, das Leben gemeinsam zu erleben.

Stress von außen gibt es nicht

Diese Aussage klingt im ersten Moment etwas hart. Sie hilft dir aber dabei, genauer hinzusehen und eine Situation im Alltag mit deinem Kind zu verstehen. Niemand stresst dich. Stress kommt nicht von außen. Stress entsteht immer in dir selbst. Das bedeutet nicht, dass du mit dem Wissen einfach keinen Stress mehr in dir produzierst. Es bedeutet, dass es leider nichts bringt, äußeren Faktoren wie anderen Menschen oder Situationen die Schuld an deinem Stress zu geben. Natürlich kann das Verhalten anderer Menschen dir gegenüber unfair sein und du kannst schlechte Situationen so empfinden, als ob du sie nicht verdient hast. Wenn du aber weißt, dass der Stress in dir produziert wird, dann weißt du auch, wie du ihn verhindern oder zumindest abschwächen kannst. Du kannst dir Zeit nehmen, durchzuatmen oder in die Akzeptanz zu gehen. Du gibst dann nicht mehr anderen die Schuld und gibst dir stattdessen die Selbstwirksamkeit, die Situation für dich zu verändern.

Nur der Ohnmächtige sucht Macht

Kennst du Menschen, die sich selbst sehr groß machen, die sehr machtvoll auftreten und schnell dabei sind, Ansagen zu machen? Ich meine Menschen, die sofort das Ruder übernehmen, wenn sie den Raum betreten. Diese Menschen können uns in der erwachsenen Arbeitswelt, in unserer Freizeit, aber auch als kleine Kinder begegnen. Mal ist das unser Chef oder unsere Chefin, mal ein Vierjähriger oder eine Vierjährige in der Kita-Gruppe unseres Sohnes. Alle diese so machtvoll auftretenden Menschen haben oft etwas gemeinsam: Sie fühlen sich ohnmächtig.

Seit ich das weiß, fühle ich mich selbst nicht mehr so bedroht. Und das wirkt sehr deeskalierend. Ich kann viel ruhiger sagen, dass ich so von ihnen nicht behandelt werden möchte. Das wiederum bringt sie dazu, mich nicht gleich anzugreifen. Wenn also dein Sohn mal richtig machtvoll auftritt, dann denke immer daran, dass er das gerade nur macht, weil er sich machtlos fühlt. Er braucht dann niemanden, der ihn in die Schranken weist, sondern jemanden, der ihn unterstützt. Gleichzeitig kannst du ihm sagen, dass du so nicht von ihm behandelt werden willst.

Wutanfall – was jetzt?

Und plötzlich dreht er völlig durch. Er schreit, er tobt, er flippt aus. Kurz gesagt: Er hat einen Wutanfall. Du verstehst die Welt nicht mehr, denn eben war doch noch alles in Ordnung. Wer hat da dein Kind ausgewechselt? Schon wieder. Da war maximal eine Kleinigkeit wie „Räum das mal bitte weg“, „Ich glaube, das funktioniert so nicht“ oder einfach eine Situation, die jetzt ein klein wenig anders ist, als er das erwartet hat.

Du verstehst ihn nicht mehr. Und während du irritiert zu deinem Sohn guckst, fährt er noch weiter hoch. Du musst dich ganz schön beherrschen, um nicht mit hochzufahren. Du versuchst, die Situation zu entschärfen und sie runterzuspielen. Dann versuchst du es mit Lösungsvorschlägen und Angeboten, um die Situation inhaltlich zu lösen. Wie du es auch machst, nichts funktioniert.

Was passiert hier?

Kinder im Kita-Alter haben ein anderes Verhältnis von Rationalität und Emotionalität als wir Erwachsenen. Während wir unseren Alltag und dessen Herausforderungen oft sehr rational und logisch sehen, sehen unsere Kinder alles durch die emotionale Brille. Beides ist wichtig. Unser Problem ist oft, dass wir und unsere Kinder anders denken. Während wir stark auf der rationalen Ebene unterwegs sind und überall die logischen Zusammenhänge sehen, verlieren wir oft den Blick für unsere emotionale Ebene. Das können Kinder oft noch besser, haben dafür aber noch kein Verständnis für ihre Emotionen und Gefühle. Das gilt es nun mit ihnen herauszufinden. Denn für jede Emotion und jedes Gefühl gibt es einen Auslöser – oder gleich mehrere.

Hat dein Kind einen Wutanfall, hast du das Gefühl, der Kopf ist gerade nicht zu Hause. Das beschreibt die Situation ganz gut, denn tatsächlich sind Menschen bei einem hohen Stresslevel nicht im „Denkapparat" – der Großhirnrinde –, sondern im „emotionalen Zentrum" – dem limbischen System – unterwegs. Das ist bei uns Erwachsenen so und bei unseren Kindern auch. Wenn also der „Denkapparat" gerade nicht funktioniert, dann bringt es auch nichts, ihn anzusprechen. Im Moment des Wutanfalls ist also das Einzige, was hilft, deinen Sohn aus seinem Stresslevel rauszubekommen. Das bringt uns zum ersten Tipp.

Tipp 1: Raus aus dem Stresslevel

Nachdem du vergeblich versucht hast, deinen Sohn über den rationalen Weg zu erreichen, geht es nun darum, seinen Stresslevel zu senken. Dafür würde ich dir raten, dir einen kleinen Ablauf aufzubauen, den du dann in der Situation rausholst. Dieser darf aber nicht „abgespult“ werden, sondern sollte natürlich wirken. Hier der Ablauf, den ich häufig als Blaupause benutze:

ABLAUFPLAN FÜR DEN STRESSABBAU

1. Die Situation benennen

„Ich sehe, du bist richtig sauer."

„Ich spüre, wie wütend du bist."

2. Ihn fragen, was er braucht

„Was brauchst du jetzt?"

Dabei ist wichtig, dass du keine Antwort erwartest. Er ist noch in seinem „emotionalen Zentrum". Mit dieser Frage kannst du aber schon anfangen, seinen „Denkapparat" anzutriggern. Nach einer kleinen Pause ohne Antwort gehst du weiter mit Punkt 3.

3. Angebote machen

„Möchtest du mal so richtig schreien?"

„Willst du mal in ein Kissen boxen?"

„Wollen wir kurz nach draußen?"

Beim letzten Punkt darf er auch gerne eine Diskussion anfangen, warum er jetzt nicht raus will oder warum er keine Kissen mag. So irrational hier seine Antworten sein mögen, es sind Antworten. Und diese kommen von seinem „Denkapparat“. Er fährt ihn also wieder hoch. Ich habe oft die Erfahrung gemacht, dass das langsam passiert. Das ist okay.

Wichtig dabei ist, dass du mit deiner Machtlosigkeit, ihm in diesem Moment möglicherweise nicht gleich helfen zu können, klarkommst. Es bringt nichts, wenn du versuchst, die Kontrolle über die Situation zu bekommen. Damit verlierst du ihn in der Regel. Es geht hier rein ums Unterstützen. Ansonsten wärst du bei deinem Problem, deinem Kontrollverlust, und nicht bei ihm, um ihm zu helfen.

Tipp 2: Danach ist immer davor

In dem Moment, in dem dein Sohn seinen Wutanfall hat, willst du diesen lösen. Da das so gut wie nie funktioniert, weil der „Denkapparat“ gerade Pause hat, gibt es nur die Möglichkeit, den Wutanfall danach zu lösen. Vielleicht denkst du jetzt: „Moment, dann ist doch schon alles vorbei. Was bringt das dann noch?“ Da würde ich dir gerne mit einem Augenzwinkern sagen: Danach ist immer davor, wie du vielleicht schon gemerkt hast. Letztendlich geht es darum, die Ursache herauszufinden und dann etwas zu ändern, um den nächsten Wutanfall zu verhindern oder zumindest abzuschwächen. Hier hast du verschiedene Möglichkeiten, die du alle nutzen kannst. Denn den Ursprung rauszufinden, kann ganz schön kompliziert sein.

Frag ihn, was ihn wütend gemacht hat

Da wir die Warum-Frage eher vermeiden wollen, kannst du anders fragen.
„Was hat dich wütend gemacht?“
„Wann war der Moment, in dem du wütend wurdest?“
„Was hätte anders sein müssen, damit du nicht wütend geworden wärst?“

Guck dir die Situation von außen an

Wann kam der Wutanfall (Tageszeit, vor dem Schlafengehen, nach der Kita ...)? Wo kam der Wutanfall (in einem engen Raum, zu Hause, in einem Raum mit vielen Menschen ...)?

Dein Ziel ist es, rauszufinden, was ihn triggert. Wenn du das hast, dann kannst du möglicherweise schon Trigger in seinem Alltag reduzieren. Dein nächster Schritt ist, ihn zu begleiten und ihm diese Trigger zu zeigen. Hat er selbst gelernt, was ihm guttut und was nicht, kann er anschließend lernen, die Trigger frühzeitig zu erkennen und sie zu „umschiffen".

GUT ZU WISSEN: STELLE NICHT DIE WARUM-FRAGE – ABER WARUM?

Wir alle kennen das: Unser Kind hat etwas gemacht, was wir nicht gut finden oder was für uns unverständlich ist. Dann fragen wir unser Kind: Warum? Warum hast du das gemacht?

Auch wenn die Warum-Frage logisch erscheint, bringt sie ein paar Probleme mit sich: Auf die Warum-Frage wissen die Kinder oft keine gute Antwort. Meistens erstarren sie und wissen nicht, was sie darauf antworten sollen. Wir stellen also eine theoretisch sinnvolle Frage, auf die wir aber nur sehr selten eine Antwort bekommen. Deshalb heißt es ja auch: Auf die Warum-Frage gibt es nur eine sinnvolle Antwort – Darum!

Neben der Überforderung in der Fragestellung ist die Schuld ein weiteres Problem. Oft be-schuldigen wir Kinder mit der Warum-Frage. Das bringt sie oft noch mehr in die Blockade. Wir landen also wieder in der Sackgasse.

Die Alternative für die Warum-Frage ist die „Du hast das gemacht, weil ...?"-Frage. Hier bieten wir schon den ersten halben Satz an, den unser Kind nur noch vervollständigen muss. Dazu muss ich aber sagen, dass auch dieser Satz nur ohne Schuldzuweisung funktioniert.

Tipp 3: Unterstützung ist die Lösung

Es ist wichtig, dass du erkennst, dass dein Sohn seinen Wutanfall nicht böse meint. Jedes Verhalten hat seinen guten Grund. Auch wenn dir das nicht immer so vorkommt. Er versucht mit seinem Verhalten, die Situation zu lösen. Dein Part ist es, ihn zu unterstützen. Das bedeutet:

- Verurteile deinen Sohn nicht. Wie schon erwähnt, sucht er nach einer Lösung.
- Er sollte keine Schuld und keine Scham empfinden. Das würde euer Problem nur verstärken und würde nur den Druck erhöhen, der häufig der Katalysator für den Wutanfall ist.
- Sollte er in seinem Problem weiterkommen, darf er sich als Sieger fühlen. Das könnt ihr gemeinsam abfeiern. Meiner Meinung nach geht es im Leben nicht darum, Dinge zu können, sondern sie zu lernen.

Wenn der Sturm vorüber ist, kann es sein, dass er in deinen Arm will. Lass das zu. Du gibst ihm das Signal „Egal, was du machst und wie du bist, ich liebe dich". Diese bedingungslose Liebe unterstützt sein Sicherheitsgefühl und mindert hindernde Gefühle wie Schuld und Scham.

Sondersituation „Guck mal Mama/Papa, ich fühle mich total machtlos"

Erlebst du deinen Sohn bei einem Wutanfall sehr aggressiv gegen seine Umwelt oder gegen sich selbst? Hast du das Gefühl, dass du mit deiner reinen Anwesenheit die Situation in ihm noch mehr eskalierst? Dann kann es sein, dass er große Schwierigkeiten mit seiner Machtlosigkeit hat.

Da du ihm wichtig bist, will er dir das unter allen Umständen zeigen. Und wie kann er dir das besser zeigen, indem er dich auch diese Machtlosigkeit fühlen lässt. Das meint er nicht böse. Das ist ein Hilfeschrei, den du mit Tipp 1 beantworten kannst.

Er macht nur noch Quatsch – die Albernheitsspirale

Er gackert und grinst. Er findet die Situation auf jeden Fall lustig. Sie ist aber nicht lustig. Er hat gerade etwas kaputt gemacht. Vielleicht war er auch gemein zu jemandem und hat ihn oder sie geärgert. Vielleicht warst du das, er hat dich beleidigt. Oder er hört einfach nicht auf dich. Du hast das Gefühl, dass er dich gar nicht richtig wahrnimmt. Er ist albern.

Du kannst das im Grunde auch verstehen, denn eben war es noch lustig. Jetzt ist es das aber nicht mehr und er scheint dich nicht ernst zu nehmen. Er lacht und macht Quatsch und wirkt so, als würde er sich in einer anderen Welt befinden, in einer Paralleldimension. Kurz gesagt: Du hast das Gefühl, er ist „nicht ganz bei sich".

Du weißt nicht, wie du ihn erreichen sollst, damit er aufhört. Du hast es ihm schon im Ruhigen gesagt. Sogar gestikuliert hast du, hast dich vor ihm aufgestellt und „Stopp“ gezeigt. Dann bist du sogar energischer geworden und hast ein sehr ernstes Gesicht dabei gemacht. Als Nächstes müsstest du ihn anschreien. Aber das willst du nicht. Du willst einfach nur, dass er wieder runterkommt.

Was passiert hier?

Kinder sind öfter mal albern. Wir Erwachsenen auch. Albernsein bei Erwachsenen sieht natürlich anders aus als bei Kindern. Kinder haben einfach einen kindlichen Humor. Dieses Albernsein und nicht mitzukriegen oder nur sehr begrenzt, was um einen herum passiert, ist jedoch ein besonderer Fall. Dein Kind scheint nicht ganz bei sich zu sein. Bei normalen Albernheiten, die mal mehr und mal weniger lustig für dich sind, ist dein Kind noch ganz normal ansprechbar. Es ist da.

In diesem extremen „Albernmodus“ ist der Kontakt zu anderen eingeschränkt. Er ist wie ausgeschaltet. Das liegt daran, dass dein Kind in dieser Situation auch den Kontakt zu sich selbst verloren hat. Es hat also weder den Kontakt nach außen noch den Kontakt zu sich selbst. Das ist erst mal unbedenklich, ist aber blöd für deine Situation. Die Frage ist also: Wie holst du den Selbstkontakt und den Gruppenkontakt zurück?

Tipp 1: Kontakt wiederherstellen

Um den Kontakt wiederherzustellen, ist es erst mal wichtig, dass du dir die Situation anschaust. Dabei geht es einerseits darum, zu schauen, warum der Kontakt gerade weg ist. Andererseits brauchst du eine Idee, wie du deinen Sohn triggern könntest, damit er den

Kontakt wieder aufnimmt. Dafür suchst du Möglichkeiten im Außen und im Innen. Im Außen ist dabei der Kontakt zu anderen Menschen wie uns. Im Innen bedeutet seinen Kontakt zu sich selbst.

Möglichkeit 1: Im Außen triggern

Einige Dinge wirst du schon versucht haben, andere vielleicht noch nicht. Damit wir alle Möglichkeiten klar haben, zähle ich sie hier nochmal für dich auf. Du kannst Folgendes zu ihm sagen, wenn du ihn erst mal ansprechen möchtest:

RAUS AUS DEM ALBERNMODUS – DAS KANNST DU DEINEM SOHN SAGEN

„Hey stopp! Es reicht jetzt!"

„Halt, so gehts nicht. Ich möchte, dass du jetzt wieder runterkommst!"

Wenn du, ähnlich wie beim Wutanfall, möchtest, dass er wieder die Selbstkontrolle übernimmt, dann kannst du ihn mit Fragen triggern:

„Warum hast du das kaputt gemacht? Kannst du das reparieren?" „Hey, willst du noch mehr kaputt machen? Willst du gar nicht mehr damit spielen?"

Du kannst ihn auch gut über Gefühle triggern und so zurückholen:

„Hey, das schöne Polizeiauto ... Ich weiß nicht, ob wir das wieder repariert kriegen ..."

„Stopp, ich habe gerade Angst, dass noch mehr kaputt geht, wenn du nicht aufhörst."

„Hörst du mich? Siehst du, dass ich da bin?"

„Guck mich an. Guck mir ins Gesicht. Ich möchte das hier nicht. Hör bitte auf damit!"

Möglichkeit 2: Im Innen triggern

Das, was du im Außen machen kannst, geht auch im Innen. Dabei ist jedoch noch wichtiger, dass du immer im Sinne deines Sohnes handelst. Dazu mehr im nächsten Tipp. Damit er wieder den Kontakt zu sich selbst herstellen kann, kannst du ihn auch hier über Sprache triggern:

„Hey, alles ok bei dir?"
„Bist du noch bei dir? Bist du da?"
„Komm wieder zu dir."

Du kannst ihn auch durch sichtbare oder hörbare Reize antriggern. Ihn anzusprechen ist ja schon ein hörbarer Trigger. Du kannst aber auch seinen Fokus komplett ändern:

„Stopp, ich glaube, deine Schnürsenkel gehen gleich auf. Lass uns einmal kurz gucken, ob sie fest genug sind, dann können wir weitermachen."

Tipp 2: Im Sinne deines Sohnes handeln

Egal, welche Trigger du benutzt und ob du deinen Sohn im Innen oder im Außen triggerst, deine Sicht auf ihn ist das Wichtigste. Du hast vielleicht einen Kontrollverlust und willst, dass er einfach nur aufhört. Das ist völlig verständlich. Allerdings ist dann deine Priorität, die Kontrolle zurückzuholen, weil du dich dann besser fühlst. Damit bringst du deinem Sohn aber bei, dass solche Situationen über Hierarchien und Kontrolle gelöst werden. Sollte er sich dann mal hilflos fühlen, wird er auch die Kontrolle zurückholen. Und zwar ohne Rücksicht auf Verluste. Das hat natürlich nichts mit Unterstützung und Erziehung zu tun. Da geht es dir nur um dich.

Möchtest du, dass es deinem Sohn wieder gut geht, dann sollte das deine erste Priorität sein. Du tust also in diesem Moment alles für ihn. Sein Wohlbefinden ist dein einziges Ziel. Das Schöne dabei ist, wenn es ihm wieder gut geht und er raus aus dieser Albernheitsspirale ist, dann ist es auch wieder entspannt für dich.

Tipp 3: Körperlich werden

Eine gute Idee, um jemanden mit einem Trigger zurückzuholen, ist, ihn körperlich zu triggern. An dieser Stelle möchte ich ausdrücklich sagen, dass das nur möglich ist, wenn du Tipp 2 beachtest. Du musst unter allen Umständen im Sinne deines Sohnes handeln. Wenn du das nicht tust und ihn zum Beispiel am Arm packst, weil du die Kontrolle verlierst, dann ist das Gewalt.

Im Sinne deines Sohnes handelst du zum Beispiel, wenn du ihm zusätzlich zu den Fragen und Ansprachen in Tipp 1 sanft die Hand auf die Schulter oder den Rücken legst. Wenn er das körperlich registriert, dann spürt er sich selbst dort durch deinen Kontakt.

Um zu checken, ob du im grünen pädagogischen Bereich handelst, kannst du zwei Dinge checken.

Check A: Ich kann „Ich sehe dich“ unterschreiben.

Check B: Ich fände es gut, wenn er das bei mir machen würde, und würde mich gut damit fühlen.

Mit dem zweiten Check verhinderst du, dass du nur aus deiner Machtposition als Erwachsener oder Erwachsene handelst.

Der will mich testen

Du hast ihm schon so oft gesagt, dass er es lassen soll, aber er macht es immer wieder. Vielleicht schmeißt er Sachen runter oder in den Dreck, zerstört Dinge oder haut dich. Du findest das gar nicht witzig und sagst ihm immer wieder, dass du das nicht möchtest. Du sagst es im Guten, höflich und ruhig. Du sagst es energischer, mit fester Stimme und ernstem Gesicht. Oder du zeigst ihm, dass du richtig sauer bist. Nichts scheint zu helfen. Es ist sogar so, dass, wenn er das wieder macht, er dich anguckt und deine Reaktionen abwartet. Du überlegst, ob er das extra macht, um deine Grenzen zu testen. Vielleicht will er herausfinden, wie weit er bei dir gehen kann. Du fragst dich auch, bei welcher Reaktion er damit aufhört. Du hast schon andere Eltern gesehen, die ihre Kinder am Arm packen, die Kontrolle verlieren und in einen Machtkampf gehen. Da weißt du aber schon, dass das nicht die Lösung ist und alles nur noch verschlimmert. Aber was hilft dann? Wie kannst du deinem Sohn klarmachen, dass hier die Grenze ist und er das wirklich lassen soll?

Was passiert hier?

Natürlich kann es sein, dass er wirklich deine Grenzen testet. Vielleicht will er von sich aus einen Machtkampf provozieren. Denke aber immer daran, dass er das gelernt haben muss. Das muss ihm jemand gezeigt haben, der der Ansicht ist, wir lösen unsere Probleme durch Machtkämpfe. Das hat nichts mehr mit Erziehung oder „Ich sehe dich“ zu tun und ist vor dem Start schon zum Scheitern verurteilt. Gehe auf keinen Fall in den Machtkampf, weil du damit das Problem nur noch verstärkst und dieses destruktive Weltbild bei ihm verfestigst. In dem Fall geht es darum, ihn wieder zu sehen und zu unterstützen, statt ihn zu kontrollieren.

In meiner Arbeit mit Jungs ist mir in solchen Situationen häufig folgendes Phänomen begegnet: Das Kind hat diesen einen besonderen Blick in dem Moment, wo es das tut, was es nicht soll. Es guckt dann ein bisschen schelmisch, ist aber in dem Moment, wo ich ihm das „Nein“ gebe oder die Grenze aufzeige, total überfordert und seine Stimmung kippt. Kennst du das auch bei deinem Sohn? Er weiß nicht, was er jetzt machen oder wie er auf dich reagieren soll, auch wenn du ihm schon so oft gesagt hast, dass er es einfach lassen soll. Aber etwas zu lassen, ist schwer. Viel schwerer als etwas anderes zu tun. Aber dazu später mehr in den Tipps.

Es kann also sein, dass er weiß, dass er das nicht machen soll und auch die Grenze sieht. Er weiß nur nicht, wie er sonst in dieser Situation handeln soll, was seine Rolle ist und was von ihm erwartet wird. Legen wir los, um das zu ändern.

Tipp 1: Welche Rolle gibst du ihm?

Frage dich, welche Rolle du ihm in diesem Moment gibst. Natürlich gibt es Grenzen, er kann nicht immer alles machen, was er will. Und es ist auch klar, dass er das lernen muss. Wenn er das jetzt aber noch nicht kann, dann ist er mitten im Lernprozess. Durch die Bindung zu dir lernt er das. Deshalb ist es unglaublich wichtig zu untersuchen, in welcher Rolle du ihn siehst. Hier zwei Beispiele:

Rolle A: „Der Täter“

Ich bin immer wieder auf Menschen getroffen, die mit Kindern arbeiten und glauben, ein Kind wolle ihnen etwas Böses. So, als ob das Kind ein kleiner Tyrann sei und etwas aus Boshaftigkeit tut. Das ist in der Regel totaler Quatsch. Für solch eine Denkweise ist ein Kind noch viel zu klein. Wenn du ihm jetzt aber diese Rolle „anbietest“, dadurch, dass du das Kind so siehst, dann wird es diese Rolle irgendwann übernehmen. Es glaubt dann selbst, dass es der Täter ist und versucht, diese Rolle zu bestätigen. Wenn ihr da erst mal drin seid, kommt ihr nur sehr schwer wieder raus. Da hilft nur, möglichst schnell die zweite Rolle „anzubieten“.

Rolle B: „Der, der es noch lernt“
Wenn du in deinem Kopf hast, dass er es schon lernen wird und du ihn dabei unterstützen wirst, dann kann er die Rolle des Lernenden annehmen. Du zeigst ihm damit eine andere Möglichkeit – nach dem Motto: „Ja, ich sehe, dass du immer wieder das machst, was du nicht sollst. Aber ich weiß auch, dass du es bald lernen und dich anders verhalten wirst. Ich unterstütze dich auf diesem Weg und vertraue auf dich und unsere Beziehung.“

Ich könnte dir jetzt auch ein paar Sätze anbieten. Tatsache ist jedoch, dass du in diesem Fall alle Sätze richtig wählen wirst, wenn du diese Sichtweise hast. Du brauchst nur Geduld dafür. Manchmal auch viel Geduld. Und manchmal noch sehr viel mehr Geduld.

Tipp 2: Wo hat er das gelernt?

Du kannst deinen Erfolg bei deinem Kind in dieser Situation noch steigern, indem du herausfindest, wo er das Verhalten herhat. Vielleicht kommt eine negative Verstärkung, ein „Ich sehe dich NICHT“, von einer anderen Person. Dann kannst du versuchen, dieser Person rüberzubringen, dass diese Rollenzuweisung nicht hilfreich ist. Sonst kann es passieren, dass diese Person gegen euch handelt. Das muss gar nicht böse gemeint sein. Ich habe auch schon Kita-Fachkräfte erlebt, die Kinder unbewusst in die Täter-Rolle gedrängt haben. Da ist es natürlich schwer, das gut rüberzubringen. Einen Versuch ist es wert.

Tipp 3: Tür zu, Tür auf

Immer, wenn du irgendwo eine Tür zumachst oder eine Mauer setzt, solltest du woanders eine Tür öffnen oder eine Brücke bauen. Das bedeutet für diese Situation, dass es deinem Sohn schwerfällt, etwas einfach zu lassen. Leichter fällt es ihm, wenn du ihm sagst, dass er das nicht darf, aber gleichzeitig erklärst und zeigst, was er stattdessen machen könnte. So bietest du ihm eine Alternative an und kannst viele Reibereien und Probleme zwischen euch direkt umgehen.

Kackmama & blöder Papa

Gestern war ein so harmonischer Tag. Du hattest genug Zeit, um mit deinem Sohn zu spielen und zu kuscheln. Ihr wart ein Herz und eine Seele und abends habt ihr euch noch gesagt, wie sehr ihr euch liebt.

Heute, einen Tag später, stehst du mitten im Wohnzimmer mit einer Mischung aus Schmerz, Irritation und Machtlosigkeit. Dein Sohn hat dich soeben beleidigt. Vielleicht hat er so was gesagt wie „Kackmama“, „Blöder Papa“ oder er hat dir gesagt, dass er dich so richtig doof findet. Vielleicht hat er es leise gesagt und traute sich dabei kaum, sich zu bewegen. Oder er hat es laut rausgeschrien und dabei seinen Körper angespannt und die Fäuste geballt.

Du weißt gar nicht, wie du reagieren sollst. Das hat er bis jetzt noch nie bei dir gemacht. Dir gehen tausend Fragen durch den Kopf: Wo hat er das her? Ist das aus dem Kindergarten? Müssten die nicht darauf achten, dass er so was nicht lernt? Wieso macht er das mit mir? Wir sind doch ein Team. Wir sind zusammen. Und warum macht er das wegen so einer Kleinigkeit, die gerade passiert ist? Und was ist da eigentlich gerade passiert? Am liebsten würde ich ihm gleich klar machen, dass das nicht geht. Er darf mich nicht einfach angreifen. Wo ich doch so viel für ihn getan habe. Und die wie immer wichtigste Frage: Wie soll ich darauf reagieren? Soll ich ihn gleich zurechtweisen, damit ihm klar ist, dass er so was nicht darf? Ist das der Moment, in dem ich auf den Tisch hauen soll? Aber eigentlich möchte ich ihn doch unterstützen. Ich möchte die Harmonie von gestern wieder haben.

Was passiert hier?

Zuerst möchte ich dir sagen, dass du dich in der Sache beruhigen kannst. Natürlich besteht hier Handlungsbedarf, aber die Situation ist völlig normal. Das passiert bei fast jedem Kind und ist Teil seiner Entwicklung. Das, was du hier als Angriff werten könntest, ist in der Regel ein starkes Ja deines Sohnes zu sich selbst. Auch wenn es sich so anfühlt, als kämpfe er gegen dich, kämpft er hier für sich. Oft geht es ihm dabei um eine Machtlosigkeit, die er versucht, zu verarbeiten. Er will raus aus dieser Situation, diesem Gefühl.

In der Erwachsenenwelt sieht es oft so aus: In Situationen, in denen sich jemand machtlos oder ohnmächtig fühlt, will sich diese Person die Macht zurückzuholen. Das passiert, indem sich die Person über den anderen erhebt oder den anderen herabsetzt. Das ist natürlich keine sinnvolle Art, so ein Problem zu lösen. Dennoch machen es Erwachsene ganz häufig so – und Kinder gucken sich dieses Verhalten ab. Sie reflektieren das auch nicht. Sie machen das einfach nach.

Neben dem Gedanken, die Ohnmacht durch Macht zu ersetzen, gibt es noch eine weitere Möglichkeit, die ich oft erlebt habe. Wenn dein Sohn sich machtlos fühlt, sucht er Hilfe, in der Regel natürlich als erstes bei dir. Jetzt wäre es schön, wenn er einfach genau diesen

Wunsch bei dir formuliert: „Mama/Papa, ich brauche deine Hilfe.“ Es gibt zwei Gründe, die das möglicherweise verhindern.

Grund 1: Dein Sohn ist überfordert und kann diesen Wunsch nicht formulieren. Vielleicht gehen gerade alle Kraftreserven für seinen inneren Kampf drauf.

Grund 2: Dein Sohn schämt sich für seinen Kontrollverlust und auch das raubt ihm die Energie und Aufmerksamkeit, seinen Wunsch nach Hilfe zu formulieren.

Es gibt natürlich noch weitere Gründe, warum er überfordert sein kann. Interessant aber ist das, was er aus der Überforderung macht. Er möchte dir zeigen, wie ohnmächtig und hilflos er sich fühlt. Wie könnte er das direkter, als dich in eine Situation zu bringen, in der du dich ohnmächtig und hilflos fühlst? Wenn du dich manchmal so wie in unserer kleinen Einleitungsgeschichte fühlst, dann weißt du jetzt ungefähr, wie dein Sohn sich fühlt. Das war vielleicht sein Ziel.

Die Frage bleibt: Was machst du jetzt?

Tipp 1: Nimm's nicht persönlich – oder doch?

Grundsätzlich ist es so, dass der Angriff auf dich nicht dir als Person gilt. Dein Sohn will dich nicht angreifen, beleidigen oder schlechte Gefühle in dir auslösen. Nimm das Ganze also nicht zu persönlich. Dafür kannst du dir Sätze sagen wie: „Es geht nicht um mich. Der Angriff gilt nicht mir. Die Beleidigung geht an mir vorbei. Ich bin nicht der Adressat/die Adressatin.“ Wenn du das nachvollziehen kannst, möchte ich dir hier zwei Ausnahmen zeigen.

Ausnahme 1: Die Beleidigungen deines Sohnes kommen gerade bei dir vor, weil er sich bei dir sicher fühlt. Er muss nicht befürchten, dass du den Angriff gleich erwiderst oder sogar einen stärkeren Gegenangriff startest. Er kann sich bei dir fallenlassen.

Ausnahme 2: Die Beleidigung deines Sohnes ist schon ein Gegenangriff, und zwar auf einen Angriff deinerseits. Das kann er natürlich auch nur so empfinden. Hier ist deine Aufgabe, solche Angriffe sein zu lassen und ihm wieder Sicherheit und Harmonie zu vermitteln. Alles andere kommt danach.

Tipp 2: Beleidigungen können verletzen

Auf jeden Fall solltest du mit ihm darüber reden, dass Beleidigungen verletzen können. Wichtig dafür sind das Wie und das Wann. Die Frage nach dem Wann ist ganz einfach geklärt. Du sprichst erst mit ihm darüber, wenn weder er noch du noch in den negativen Emotionen steckt. Die Situation sollte sich etwas abgekühlt haben. Sie darf aber gern noch lauwarm sein. Er darf noch etwas damit verbinden, nur eben nicht so, dass er sofort wieder in die Emotionen gezogen wird.

Auch das Wie ist entscheidend. Er hat da etwas Blödes gemacht, etwas, was er nicht machen sollte oder durfte. Dennoch ist es kontraproduktiv, wenn er ein schlechtes Gewissen hat. Er darf Fehler machen. Er darf sich ausprobieren. Dann kann er sich beim nächsten Mal dagegen entscheiden. Ein schlechtes Gewissen erschwert diesen Prozess. Vielleicht beginnt er sogar, an seiner Rolle als Beleidiger festzuhalten, weil er sich nicht gesehen fühlt.

Versuche, Beispiele mit anderen Personen zu bringen. Das führt weg von euch und eurer Beziehung und hin zum grundsätzlichen Thema.

In diesem Gespräch solltest du auf jeden Fall die Warum-Frage vermeiden. Die kann er dir nicht beantworten.

Ein kleiner Tipp zu eurem Gespräch: Du darfst dir deine Punkte überlegen, die du in dem Gespräch anbringen willst und was er lernen soll. Die sollten aber nur die Hälfte des Gesprächs einnehmen. Lockere deine Punkte immer wieder mit Fragen zu seiner Meinung auf.

STANDPAUKE VERMEIDEN – DAS KANNST DU DEINEN SOHN FRAGEN

„Und wie hast du dich vorhin gefühlt?"

„Was hättest du dir gewünscht, was in dem Moment passiert?"

„Hattest du schon mal so eine Situation?"

Niemand mag eine Standpauke und deshalb lernen wir auch so schlecht aus ihnen. Dein Sohn kann viel besser lernen, wenn er das Gespräch mitgestalten kann. Denke daran, dass er nichts lernt, was man ihm von außen aufdrückt. Er muss es selbst entdecken, einsehen und dann verstehen. Je mehr du ihn überredest, desto weniger geht er mit.

Tipp 3: Alternativen zeigen

Immer wenn dein Sohn ein Verhalten an den Tag legt, das du nicht gut findest, dann ist es wichtig, nach dem „Mauersetzen" immer auch eine Tür zu öffnen. Damit meine ich, dass du durchaus ein Verbot aussprechen darfst. Du solltest aber auch mindestens eine Möglichkeit als Alternative anbieten.

Vielleicht reicht es euch schon, wenn ihr euch nicht untereinander beschimpft, Gegenstände aber schon. Der Teddy oder die Puppe sind natürlich tabu. Die haben schließlich auch Gefühle, oder?

Ich würde immer dazu raten, dass man Situationen beschimpfen darf. Statt „Kackmama“ lieber ein „Das find' ich voll doof, dass ich das jetzt machen soll“ oder statt „Blöder Papa“ lieber ein „Das finde ich blöd, wie du das zu mir gesagt hast“.

Geschwisterstreit

Hast du mehrere Kinder? Vielleicht ist alles harmonisch und entspannt zwischen ihnen. Ab und zu gibt es mal ein bisschen Knatsch. Aber das ist eigentlich nicht der Rede wert. Wenn dem so ist, dann hast du großes Glück. Denn das ist eher die Ausnahme. Wahrscheinlich bist du eine Mutter oder ein Vater, bei dem oder der er fast täglich aufkommt: der Geschwisterstreit.

Das kann harmlos starten mit „Du hast mir was weggenommen!“, „Da war ich zuerst!“ oder „Der soll nicht da sein!“ Oder es geht gleich extrem los und vielleicht kommt noch körperliche Gewalt dazu. Dann wird sich von 0 auf 100 geprügelt, geschubst und sich angeschrien. In dem Moment stehst du daneben und fragst dich „Wann ging das jetzt wieder los? Da habe ich den Anfang gar nicht mitbekommen ...“

Du bist vielleicht schon etwas entmutigt, weil das nicht das erste Mal ist, dass es Streit gibt. Du fragst dich, was hier falsch läuft und möchtest gern wissen, wie es richtig geht. Muss das eigentlich immer so sein? Können die nicht einmal einen Nachmittag ohne Streit verbringen? Was machen wir jetzt und vor allem: Warum läuft das dauernd so?

Was passiert hier?

Die Streitigkeiten deiner Kinder kommen dir oft sinnlos, überzogen oder unangemessen vor. Du hast dann Sätze im Kopf wie „Das ist doch eine Kleinigkeit. Warum regt er sich denn so auf?“ oder „Das haben wir doch schon tausendmal besprochen. Wann versteht er das endlich?“ Der Schlüssel darin, das alles zu verstehen, liegt in unserer Sicht auf Kinderstreitigkeiten. Und seien wir doch mal ehrlich: Erwachsenenstreit ergibt oft auch nicht viel mehr Sinn. Worüber streiten wir manchmal? Und wie wir streiten, ist auch nicht immer logisch. Hier ist schon ein kleiner Tipp versteckt: Wenn du Erwachsenenstreitigkeiten mal analysierst und dir anguckst, worum es da geht und warum überhaupt gestritten wird, dann hast du auch die Begründung für Kinderstreit. Die Streite kannst du manchmal direkt vergleichen und manchmal musst du sie etwas runterbrechen.

Vielleicht sind für dich neben den Gründen für Streit auch andere Aspekte wichtig: Die Häufigkeit eines Streits, wie schnell er sich entwickelt und gefühlt aus dem Nichts kommt und wie schnell er sich hochspielt. Wir sind uns in unserer Familie sehr nahe. Wir tauschen sehr persönliche Inhalte und Dinge miteinander. Wir kuscheln, schmusen und sagen uns nette Dinge. Das würden wir außerhalb unserer Familie nicht so schnell machen. Wir haben großes Vertrauen in unsere Kinder und unsere Kinder in uns. Wir müssen keine Barrieren errichten, um erst mal zu schauen, dass uns jemand anderes nichts Böses will. Da ist es selbstverständlich, dass wir ohne diese großen Grenzen nicht nur Positives schneller miteinander teilen, sondern auch schneller streiten. Und das führt uns direkt zum ersten Tipp.

Tipp 1: Das ist normal

Streitigkeiten unter Geschwistern sind normal. Ich gebe dir gleich noch weitere Tipps, mit denen du die Häufigkeit und Heftigkeit der Streitigkeiten ändern kannst. Erst mal ist es jedoch wichtig zu erkennen, dass Streit zum Familienleben dazugehört. Unsere Kinder müssen lernen, zu streiten. Wenn sie nie miteinander oder auch mit uns streiten, dann fehlt ihnen etwas ganz Wichtiges für ihre Entwicklung und ihr Leben.

Da dich das Ganze verständlicherweise trotzdem nervt, zeige ich dir, wie ich damit umgehe. Ich frage mich nicht: „Warum streiten die schon wieder? Und warum streiten die wieder so doll?“ Ich drehe die Frage um und frage mich: „Wie oft finde ich streiten ok? Einmal täglich? Und wie doll darf es sein? Wie sehr darf es körperlich werden?“

Damit meine ich nicht, dass es dann gut ist, wenn sie streiten. Ich komme dann nur zu einem anderen Gedanken, der mich leitet. Kinder sollen sich respektieren und gegenseitig ihre Grenzen achten. Sie sollen es aber nicht können. Sie sollen es lernen. Und dafür dürfen sie sich ein paar Jahre Zeit nehmen.

Wie wir sie dabei unterstützen, erzähle ich dir im nächsten Tipp.

Tipp 2: Die Situationen positiv gestalten

Wie du vielleicht schon weißt, geschieht die meiste Erziehung immer VOR der Situation. Das bedeutet auch hier, dass wir uns überlegen, wie wir Dinge vorher schon anders gestalten, damit unnötige Streitereien erst gar nicht entstehen.

Überlege dir immer vorher, in welcher Verfassung deine Kinder gleich sein werden, wenn sie miteinander spielen:

- Kommen sie gerade aus dem Kindergarten und klappen gleich zusammen, weil sie erschöpft sind?
- Sind sie gleich aufgedreht, weil sie Spielbesuch haben oder gerade Medien konsumiert haben?
- Sind sie noch sauer, weil es heute Morgen so stressig war?

Überlege dir, wie die räumliche Situation für deine Kinder wirkt:

- In wessen Zimmer spielen sie gerade? Fühlt sich einer unsicher, weil sein Spielzeug im Raum ist und er vielleicht denkt, dass er es beschützen muss?
- Sind viele Reize im Raum? Ist die Musik zu laut? Läuft ein Fernseher im Hintergrund?
- Was bedeutet der Raum für sie? Haben sie dort schon etwas Schlechtes erlebt? Fühlen sie sich dort nicht sicher?

Überlege dir, wie du gerade auf deine Kinder wirkst:
Bist du gerade gestresst und genervt? Hast du zeitlichen Druck? Das alles wirkt auf deine Kinder. Das sage ich dir nicht, weil du das abstellen sollst. Bitte nicht. Auch du bist ein Mensch und deine Kinder brauchen keinen perfekten Papa oder eine fehlerfreie Mama. Es geht darum, dass du auch auf dich schaust und nicht blind dafür bist, wenn du etwas mit in die Situation bringst.

Nimm dir die Zeit und schaue dir das alles immer wieder an. So wirst du dein Frühwarnsystem für Streit und Stress immer besser ausbauen. Du kannst dich übrigens gern für einen verhinderten Streit abfeiern.

Tipp 3: Du bist nicht verantwortlich

Ja, du hast richtig gelesen. Du bist nicht verantwortlich für den Streit deiner Kinder. Der Streit deiner Kinder ist deren Streit. Deine Aufgabe ist es nicht, eine Lösung zu finden oder immer zu verhindern, dass Streit aufkommt. Du übernimmst auch keine Verantwortung dafür, was zwischen deinen Kindern passiert. Du übernimmst aber Verantwortung dafür, dass sie lernen, sich gut zu streiten. Du bist kein Richter und keine Richterin, du bist höchstens Anwältin oder Anwalt. Deine Aufgabe ist, je älter deine Kinder werden, mehr und mehr die Moderation des Streites. Wie du dich genau verhalten und was du da machen kannst, erfährst du im nächsten Kapitel „Streit schlichten". Wenn die Streitigkeiten deiner Kinder oft körperlich werden und sie sich prügeln, dann schau gerne beim Kapitel „Kämpfen" (Seite 120) vorbei.

Streit schlichten

Du siehst sie schon, wie sie dir von Weitem entgegenlaufen. Sie sind aufgebracht und ein bisschen empört, denn sie haben Streit. Bei dir angekommen geht es direkt los mit „Der hat mir die Schaufel weggenommen", „Der hat mich gehauen" und „Der hat angefangen". Von einem auf den anderen Moment befindest du dich mittendrin in diesem Streit, den du noch nicht ansatzweise verstehst.

Sie reden gleichzeitig und durcheinander und du hast gerade mal verstanden, dass sie ein Problem haben und sich von dem anderen nicht richtig behandelt fühlen. Deine ersten Versuche, hier etwas zu entwirren, laufen ins Leere. Beide reden immer noch durcheinander und fordern Gerechtigkeit für sich und Strafen für den anderen.

Auch nach zwei Mal erklären kannst du nur erahnen, was da gerade zwischen den beiden vorgefallen ist. Du beantwortest ihre Wünsche und Forderungen und scheinst dich trotzdem im Kreis zu drehen. Sie widersprechen sich gegenseitig und lassen sich auch nicht ausreden. Du fragst dich: Was ist hier los? Was ist bei den beiden gerade passiert? Was wollen sie von dir und wie sollst du den Streit schlichten? Wer hat recht und wer hat unrecht? Du bist verwirrt ...

Was passiert hier?

Kinder sind in der Regel noch sehr impulsgesteuert. Wenn wir Erwachsenen Streit haben, dann können wir uns meist selbst regulieren und lassen den anderen auch mal ausreden. Viele Kinder haben das Gefühl „Wer redet, hat recht". So wollen sie auf keinen Fall, dass der andere ausredet und damit ihre Meinung verdrängt. Sie müssen erst noch lernen, dass Streit so funktioniert, dass jede Partei ihre Punkte, ihre Wünsche und Forderungen vortragen kann und man dann ins Gespräch geht. Kinder sind es außerdem gewohnt, dass Erwachsene wandelnde Problemlöser sind und auch immer wissen, was richtig ist. Da sie glauben, im Recht zu sein, gehen sie davon aus, dass die Erwachsenen ihnen das Recht zusprechen und dem anderen sagen, dass er unrecht hat. Im schlimmsten Fall erwarten sie eine Strafe für den anderen. Interessant ist aber auch, was bei einem Streit unter Kindern bei uns Erwachsenen abläuft. Wir fühlen uns in der Regel verantwortlich. Wir übernehmen sofort und automatisch das Amt von Richter und Richterin und glauben, es liegt jetzt an uns, Recht zu sprechen. Vielleicht, weil wir selbst so aufgewachsen sind und uns das Erwachsene so vorgelebt haben. Vielleicht auch, weil wir denken, dass die Kinder noch zu klein sind, um ihren Streit zu lösen. Oder wir denken, es muss eine außenstehende, objektive Macht geben, die entscheidet, weil die Kinder eh nur egoistisch handeln und nicht zu einer Einigung kommen werden. Und das bringt uns zu Tipp 1.

Tipp 1: Du richtest nicht, du moderierst

Den Rat habe ich dir in ähnlicher Form im Kapitel „Geschwisterstreit" in Tipp 3 gegeben. Wichtig bei der Streitschlichtung ist vor allem, dass du dich nicht nur nicht verantwortlich fühlst. Du kannst dich trotzdem aktiv mit einbringen. Du bist aber nur unterstützende Kraft. Statt den Kindern also Ansagen zu machen und Anweisungen zu geben, kannst du Fragen stellen. Dafür möchte ich dir mal ein paar Fragen geben, mit denen ich Erfolg hatte.

EINEN STREIT MODERIEREN – DAS KANNST DU DEINEN SOHN FRAGEN

„Stopp, ich verstehe kein Wort. Wer möchte als Erstes und wer als Zweites reden?" (Das ist nur eine Einleitung. Selbstverständlich wollen beide zuerst reden. Du zeigst damit aber, dass es eine Reihenfolge geben muss.)

„Wenn der eine etwas sagt, lassen wir ihn dann ausreden oder unterbrechen wir ihn?'"

„Wollt ihr möglichst wenig Worte sagen und euch abwechseln? Dann muss der andere nicht immer so lange warten."

„Haben wir noch was Wichtiges vergessen?"

„Wie hast du dich dabei gefühlt?"

„Wie war das für dich?"

„Fällt dir noch etwas anderes ein, was du hättest machen können?"

Vermeide Fragen wie:

„Wer hat angefangen?"

„Warum hast du das gemacht?"

„Was sollte das?"

Du kannst auch einfach ein paar Aussagen einstreuen wie:

„Oh man, da habt ihr ja ein echtes Problem. Das ist bestimmt nicht leicht für euch beide, das zu lösen."

„Ich finde, da hättet ihr beide aber noch viel ungerechter reagieren können. Das finde ich super, dass ihr das nicht gemacht habt."

„Oh, so ein Problem hatte ich auch mal mit jemandem, der mir sehr wichtig war. Das war gar nicht so leicht, das zu lösen."

Wichtig ist, dass du offen dafür bist, was passiert. Wir Erwachsenen wollen einen Streit nicht lösen – wir wollen ihn gelöst haben. Wenn du dir jetzt aber die Zeit nimmst und ergebnisoffen bist, unterstützt du dein Kind bei seiner Entwicklung viel mehr, als wenn du ihm sagst, was es machen soll.

Manchmal kommen Kinder auch auf Lösungen, die wir als ungerecht oder sinnlos empfinden. Wenn die Kinder aber damit okay sind und sich gut damit fühlen, ist das Ziel erreicht. Es geht nicht darum, wie wir gern richten würden, sondern, ob die Kinder eine Einigung finden.

Tipp 2: Auseinander

Auch wenn ich ein großer Verfechter von Tipp 1 bin, gibt es auch mal Situationen, die wir durch ein schnelles Wort lösen können. So kann es zum Beispiel sein, dass die beiden Streitenden heute einfach nur schlecht drauf sind und sich mal aus dem Weg gehen sollten. Ich sage dann so was wie:

„Ihr streitet heute ganz schön viel. Ich glaube, es wäre besser, wenn ihr euch heute mal ein bisschen aus dem Weg geht.“ Dann frage ich die beiden, wo sie jetzt gerne spielen wollen, und trenne sie dann räumlich. Oft geht es danach wieder besser im Miteinander.

Tipp 3: Streitschlichtung über Empathie – eine Anleitung

Wenn du doch mal mehr die Zügel in die Hand nehmen und den Verlauf des Streits beeinflussen willst, dann habe ich hier eine kleine Anleitung für dich, mit der ich schon oft Erfolg hatte. Ich spreche zwar auch hier kein Recht als Richter, führe aber die Verhandlungen. Die Kinder sollten dafür aber schon etwas älter sein.

Für unser Beispiel stellst du dir vor, dass du zwei Kinder hast. Dabei ist es unerheblich, ob es beide deine eigenen sind. Und da kommen wir schon zu Schritt 1.

Schritt 1: Vertrauen

Deine Grundlage ist das Vertrauen beider Kinder. Niemand darf sich von dir benachteiligt oder bevorzugt fühlen. Beide müssen dir vertrauen und glauben, dass du grundsätzlich nur das Beste für sie willst. Du musst bei ihnen als gerecht gelten.

Schritt 2: Aufnahme

Wenn wir davon ausgehen, dass zum Beispiel das eine Kind das andere geschlagen hat, dann sehen wir hier weder Täter noch Opfer. Beide haben Probleme und beide wollen wir unterstützen, dass sie diese lösen. Du kannst hier das Kind, welches das andere geschlagen hat, fragen „Guck ihn dir mal an. Das wolltest du nicht, oder?" Mit der Aufforderung, den anderen anzugucken, kannst du Empathie zwischen den beiden wecken. Das ist dein Hauptziel. Wichtig ist dabei, dass auch du das Kind nicht verurteilst. Wenn du das Kind fragst, ob es das wollte und dabei denkst, das Kind sollte Reue oder Schuld empfinden, verlierst du es. Es fühlt sich von dir in seiner Hilflosigkeit nicht gesehen und als Täter abgestempelt. Hier ist es nicht selten, dass das Kind dann die Täterrolle übernimmt. Dann ist die Sache gelaufen.

Mit der Frage, ob es das wollte, gibst du dem Kind die Möglichkeit, ein Versehen zuzugeben. Es ist dann kein Schläger, sondern hat jemanden geschlagen, was es jetzt gern zurücknehmen möchte. Und diese Möglichkeit eröffnest du ihm. Hier ist die Antwort immer „Nein". Denn tatsächlich will kein Kind ein anderes schlagen, schon gar nicht einfach so.

Solltest du wider Erwarten ein „Ja" bekommen, kann das daran liegen, dass es dir nicht vertraut. Es hat Angst, dann für etwas bestraft zu werden oder hat schlechte Erfahrungen damit gemacht, sich zu öffnen. Das passiert in der Regel aber nicht.

Wenn du das „Nein" hast, kannst du zu Schritt 3 übergehen.

Schritt 3: Den Auftrag annehmen

Du fragst die beiden: „Soll ich euch bei eurem Streit helfen?" Bei einem „Ja" kannst du fortfahren. Bei einem „Nein" bist du tatsächlich raus und kannst nur noch Anforderungen von außen stellen wie „Ok, dann möchte ich aber nicht, dass einer den anderen haut oder beleidigt". Auch hier kriegst du eigentlich immer dein „Ja", denn sie wissen, dass du ihnen helfen kannst.

Schritt 4: Die vorbereitende Frage

„Vertraut ihr mir? Ihr wisst doch, dass ihr beide bei mir zu eurem Recht kommt, oder? Dann möchte ich einmal kurz, dass wir die Ungerechtigkeit, die euch passiert ist, beiseiteschieben. Die ist nicht weg. Darüber reden wir gleich noch." Nach einem „Ja okay" geht es weiter mit Schritt 5.

Schritt 5: Die Preisfrage

„Wenn ihr euch jetzt sicher sein könnt, dass ihr zu eurer Gerechtigkeit kommen werdet, was fällt euch denn ein, was ihr hättet ihr anders machen können? Wo habt ihr vielleicht einen Fehler gemacht?" Tatsächlich fangen hier die Kinder nach und nach an zu erzählen, was sie falsch gemacht haben, da sie sich sicher fühlen. Und damit habt ihr eine Situation geschaffen, die ohne Druck von Schuld und Angst vor Bestrafung ist. Hier können sie sich öffnen und zugeben.

Du kannst sie dann hier auch fragen, was sie hätten anders machen können und wie sie die Situation jetzt wieder in Ordnung bringen können.

Schritt 6: Das war's schon

Zum Schluss kannst du die beiden noch fragen, ob ihr jetzt darüber reden wollt, was ihnen Ungerechtes widerfahren ist. Daran haben sie in der Regel nie ein Interesse. Denn das ist ja bei Schritt 5 schon alles angesprochen worden. Und zwar freiwillig.

Diese kleine Anleitung funktioniert natürlich nur mit älteren Kindern, Kinder, die kurz vor der Schule sind. Und das Ganze funktioniert auch nicht immer nach Plan. Es gibt dir aber die Möglichkeit für eine Streitschlichtung jenseits von Macht, Schuld, Scham und einer Täter-Opfer-Sicht.

Langeweile

„Mir is' sooo laaangweilig ...", quengelt dein Sohn, während er total schlapp durch die Gegend tappst. Er guckt dich mit schiefem Blick an und du merkst, dass er jetzt von dir die Lösung für sein Problem erwartet. Dir geht es ganz anders. Du hast gut zu tun und würdest dich jetzt gerade nur sehr ungern um sein Luxusproblem kümmern. Er wiederum merkt, dass du gerade andere Prioritäten hast und versucht, sein Problem einfach noch einmal vorzutragen. Und so hörst du die Platte von vorne, die jetzt einen Sprung zu haben scheint: „... laaangweilig ..."

Du überlegst, ihm vorzuschlagen, dir zu helfen. Das ergibt aber natürlich keinen Sinn. Erstens wird er dazu keine Lust haben und zweitens kann er das noch nicht. Doch was kannst du jetzt tun, außer ihm zu sagen, dass Langeweile doch etwas Gutes ist? Und wann hattest du eigentlich das letzte Mal Langeweile?

Was passiert hier?

Langeweile ist etwas ganz Normales. Wir alle kennen sie. Wir sind uninspiriert und haben keine Motivation, jetzt etwas zu tun. Und auch wenn es uns gerade an nichts fehlt, mögen wir diesen Zustand nicht.

Das kann damit zu tun haben, dass wir in unserer heutigen Gesellschaft ein Überangebot an Möglichkeiten der Ablenkung und auch Stimulierung haben. Wir sind es gewohnt, dass wir uns nicht darum kümmern müssen, was wir machen könnten. Wir können in der Regel zwischen verschiedenen Dingen wählen. Aber seien wir mal ehrlich. Als wir selbst Kinder waren, gab es noch nicht so ein Überangebot und wir hatten auch hin und wieder Langeweile.

Ich erlebe Langeweile oft bei Kindern und auch bei Erwachsenen, wenn sie es nur schwer aushalten, mit sich allein zu sein. Und das, ohne von außen Ablenkung zu haben. Das genügt uns oft nicht. Wenn wir etwas essen, dann soll es gut schmecken. Es darf gern süß sein oder gut gewürzt. Wenn wir in der Natur sind, wollen wir häufig gleich etwas machen. Wir wollen aktiv werden. Es reicht uns oft nicht einfach nur, die Natur wahrzunehmen und da zu sein. Im Langeweilemodus ist unser Kind auch oft unterfordert und möchte etwas machen oder erleben. Jetzt wäre es Quatsch, dem Kind zu sagen, dass es ausreichen würde, einfach zu sein. Das ist eher etwas, mit dem wir uns als Erwachsene beschäftigen.

Eine Kollegin hat mal zu mir gesagt, dass sie Langeweile bei Kindern gut findet, weil sie die Kreativität fördert. Das finde ich tatsächlich überhaupt nicht. Ich finde Langeweile gut, um erst mal wieder zu sich selbst zu finden. Aber um dann kreativ zu werden, muss mich schon etwas inspirieren. Sonst bleibe ich schließlich im Langeweilemodus. Bevor dir jetzt durch eine Überanalyse langweilig wird, kommen wir zu deiner Frage: Was machst du jetzt mit deinem Kind?

Tipp 1: Inspiration

Du kannst versuchen, dein Kind für etwas zu begeistern oder es zu etwas zu inspirieren. Die typischen Fragen dafür sind dann:

„Hast du eigentlich das Spielzeug schon ausprobiert, das du zu deinem Geburtstag bekommen hast?“

„Was ist denn mit der Räuberhöhle, die du bauen wolltest?“

„Wollen wir mal deine neue Freundin aus der Kita fragen, ob sie heute Zeit hat?“

Tipp 2: Halte durch!

Oft kriegst du deinen Sohn mit den Fragen aus Tipp 1 nicht aus dem Langeweilemodus. Du hast das Gefühl, nichts könne ihm seine Langeweile nehmen. Und jetzt kommt der springende Punkt: Dann ist das so.

Es ist gar nicht deine Aufgabe, dein Kind dabei zu unterstützen, aus der Langeweile zu kommen. Natürlich ist es sinnvoll, ihm ein bisschen was anzubieten. Wenn er dazu aber keine Lust hat, dann eben nicht. Manchen Eltern fällt es leicht, sich nicht angesprochen zu fühlen. Andere Eltern haben das Gefühl, dass sie für die Situation verantwortlich sind. Und das sind wir eben nicht. Das ist das Problem der Kinder, das sie auch allein lösen können. Du bietest deinem Sohn etwas an, wenn du willst. Und ab dann heißt es einfach nur: aushalten und dem Kind spiegeln „Ich verstehe, dass du dich in dieser Situation blöd fühlst. Es ist aber deine Aufgabe, das zu ändern, wenn du das überhaupt ändern willst“.

Tipp 3: Quatsch machen

Wenn dich diese Situation sehr nervt, vielleicht weil er nicht aufhört, mit dem Thema zu dir zu kommen, dann probiere den dritten Tipp aus: Werde albern, mache Quatsch und mache ihn nach.

„Oooh jaaa ... Mir ist auch sooo langweilig ... Ich kann mich gar nicht mehr richtig bewegen ...“

„Oh nein, dir ist langweilig ... Wir müssen sofort einen Krankenwagen holen! Die Feuerwehr muss alles absperren! Schnell!“

„Langeweile? Die hätte ich jetzt auch gerne ... Verkaufst du sie mir? Du kriegst dreimal drücken und vier Knutschies von mir.“

In manchen Situationen reagieren Kinder darauf, kriegen wieder etwas Schwung und dann kommt plötzlich eine gute Idee. Es ist jedoch sehr wichtig, dass du deinem Sohn damit keine schlechten Gefühle machst. Wenn er sich schlecht behandelt fühlt, weil er glaubt, du nimmst ihn nicht ernst oder willst ihn ärgern, dann lass es lieber. Das Ganze soll euch beiden Spaß machen.

Die gucken schon

Es ist ein sonniger Nachmittag auf dem Spielplatz. Es ist warm draußen. Und so müsst ihr heute nicht dauernd die Kleidung an- und ausziehen. Der Spielplatz bietet alles, was es zum Spielen und Toben braucht. Neben der Rutsche, den Schaukeln und dem Klettergerüst gibt es noch einen großen Sandkasten. Kein Wunder, dass heute auch viele andere Eltern mit ihren Kindern ihre Zeit hier verbringen. Während die Kinder alles ausprobieren, sitzen die Eltern in Gruppen oder direkt bei ihren Kindern.

Dein Sohn scheint heute seinen „Actiontag“ zu haben. Er rennt, klettert aufs Klettergerüst, wieder runter, schaukelt so hoch er kann und gräbt den halben Sandkasten um. Er geht immer wieder in Kontakt mit anderen Kindern und wechselt dann wieder in sein Spiel. Das Aktive kennst du schon von ihm. Das ist alles okay für dich, obwohl es dich schon etwas anstrengt, immer zu gucken, dass er sich auch gut benimmt und nett zu den anderen Kindern ist. Doch dann kriegt er Probleme. Es gibt Streit um ein scheinbar sehr wichtiges Sandgebäude. Dein Sohn streitet mit einem anderen Kind um irgendwelche Gebiete. Dann siehst du, wie dein Sohn das Gebaute des anderen Kindes kaputt macht und es anschreit.

Als die anderen Eltern gucken, ist dir das höchst unangenehm. Zwei Elterngruppen haben sogar ihre Unterhaltung unterbrochen und schauen zu deinem Kind. Ein Vater, der mit seiner Tochter in der anderen Hälfte des Sandkastens sitzt, guckt auch rüber. Als du aufstehst, guckt er zu dir. Auf dem Weg zu deinem Sohn ist ganz schön was los in deinem Kopf. Du fühlst dich beobachtet und verschiedene Fragen drängen sich auf: Was ist da gerade im Sandkasten passiert? Hat mein Sohn sich falsch verhalten? Hätte ich schon früher etwas sagen müssen, als ich gesehen habe, wie er heute drauf ist? Warum gucken die jetzt plötzlich alle? Das muss ja für die ganz schön heftig sein, wenn sie sogar ihre Gespräche unterbrechen. Was denken die jetzt über meinen Sohn? Was denken die über mich? Denken die, dass ich meinen Sohn nicht richtig erziehen kann? Warum passiert das immer mir? Wo ist der Boden, in dem ich versinken kann?

Was passiert hier?

Die Situation kennen so gut wie alle Eltern. Dabei kann das Setting natürlich wechseln. Ein anderer Klassiker ist zum Beispiel das Einkaufen, bei dem das Kind sich auf den Boden wirft, weil es die Süßigkeiten an der Kasse nicht bekommt. Da diese schon so abgegriffen ist, habe ich mich für die Spielplatzsituation entschieden.

Was diese Situation so besonders macht, ist, dass sie so viel Stress in dir auslöst. Dafür gibt es hier gleich mehrere Gründe. Nehmen wir die einzelnen Ursachen für den Stress mal auseinander.

Alles auf einmal

Da so viele verschiedene Dinge auf dich einprasseln, bist du überfordert und kannst nicht gut sortieren. Diese Überforderung löst Stress in dir aus. Am Ende wird der Stress immer mehr.

Das Wertende

Wenn du von anderen bewertet wirst, dann erzeugt das in dir ein Ohnmachtsgefühl. Du hast das Gefühl, andere haben Macht über dich und können dir die Wirksamkeit entziehen.

Der Kontrollverlust

Einer der stärksten Gründe für Stress kann der Kontrollverlust sein. Auch der findet oft nur in deinem Kopf statt, da du meist grundsätzlich nicht die Kontrolle über eine Situation, oder wie hier im Beispiel, über dein Kind hast. Du hast dir bisher vielleicht vorgemacht, dass du sie hättest. Wenn du dann merkst, dass sie gar nicht da war, bist du verwirrt. Du willst nicht wahrhaben, dass du sie in der Form nie hattest, weil du dir dann nicht mehr so wirksam vorkommst.

Das Ungewisse, was sein könnte

Eine der größten Ängste ist die Angst vor dem Ungewissen. Du weißt nicht, was in den Köpfen der anderen vorgeht. Das kannst du nicht beeinflussen. So denkst du dir selbst Bilder aus, mit denen du unter Umständen noch deine Panik fütterst.

Die Beziehungsebene

Mit wem habe ich eine gute Beziehung? Ist die Beziehung zu der Mutter hinter der Schaukel gerade in Gefahr? Will der Vater neben der Rutsche jetzt vielleicht nicht mehr mit mir gesehen werden? All das passiert auf der Beziehungsebene.

Angst vor dem, was kommen könnte

Eine weitere große Angst ist oft die vor dem, was kommen könnte. Werde ich jetzt von den anderen Eltern ausgegrenzt? Müssen wir uns einen neuen Spielplatz suchen? Dann müssen wir in Zukunft weiter fahren. Am Ende ist der andere Spielplatz gar nicht so schön wie der hier. Passiert mir dort das Gleiche nochmal?

Vielleicht findest du noch weitere Gründe für den Stress, den du in diesen Situationen empfindest. Natürlich sind das oft unbegründete und auch übertriebene Ängste und Befürchtungen. Trotzdem hast du sie und sie lassen sich nicht so schnell abschütteln. Gegen sie zu kämpfen und zu versuchen, sich selbst zu überreden, dass das doch alles nicht stimmt, hilft auch nur bedingt. Das liegt daran, dass du versuchst, deine Gefühle durch Vernunft zu verändern. Du versuchst, dich zu überreden, dass dieses oder jenes Gefühl gar nicht sinnvoll ist. Wenn das aber nicht funktioniert, was dann?

Tipp 1: Gucken die wirklich?

Versuche, in so einer Situation als erstes runterzufahren. Im Erregungszustand überzeichnet dein Gehirn sowieso deine Bilder und deine Wahrnehmung. Wie schon Heinz Erhardt sagte: Du darfst nicht alles glauben, was du denkst. Du kannst also hinterfragen, ob wirklich ALLE gucken. Ob die Gespräche wirklich so wichtig gewesen sind, dass die Unterbrechung so heftig war. Gucken die nicht vielleicht immer, wenn es irgendwo laut wird? Haben die vielleicht eher geguckt, ob ihr Kind involviert ist und ob sie aktiv werden müssen? Hat der Vater in der Sandkiste dich wirklich verurteilt? Könnte er nicht auch Interesse daran haben, wie du die Situation löst, damit er das schon weiß, bevor seine Tochter in so einen Streit verwickelt wird oder ihn gar anfängt? Ist es nicht vielleicht so, dass alle zwanzig Minuten so eine Situation kommt und dass fast alle Kinder das hier so machen? Und selbst wenn alles so wäre, wie du befürchtest: Das macht dich noch lange nicht zu einer schlechten Mutter oder einem schlechten Vater.

Tipp 2: In die anderen hineinversetzen

Ein anderer guter Trick ist auch, sich in die anderen hineinzuversetzen. Was wäre, wenn du an ihrer Stelle wärst? Du würdest zuschauen, wie eine Situation eskaliert. Was würdest du in diesem Moment denken? Oft ist es so was wie: „Zum Glück ist es diesmal nicht mein Kind“, „Oh, die arme Mutter. Die wollte bestimmt auch mal ein paar entspannte Minuten haben“ oder „Mensch, der Papa achtet aber gut auf sein Kind und wird gleich aktiv, um die Situation zu klären“.

Wenn du an dieser Stelle die Mutter oder den Vater abwerten würdest und denken würdest „Wie kann der oder die bloß ...?“, dann solltest du vielleicht mal auf dein eigenes Wertesystem gucken. Die gefühlten Bewertungen anderer auf dich kannst du nämlich nur ändern, wenn du deine Wertungen den anderen gegenüber änderst. Aber auch da darfst du positiv mit deinen Gedanken umgehen. Wenn du dich selbst fertigmachst, hilft dir das auch nicht.

Tipp 3: Den Rahmen sprengen

Mein dritter Tipp an dich ist ein Bonustipp, den du auch gern nur in Gedanken ausprobieren kannst: Verhalte dich mal wie dein Kind. Wirf dich neben dein schreiendes Kind, wenn es im Supermarkt nicht die Süßigkeiten bekommt, die es will. Es geht nicht darum, dass das eine sinnvolle Erziehungsmaßnahme wäre. Es geht vielmehr darum, dich selbst von den gefühlten Bewertungen anderer freizumachen. Indem du dich so verhältst, als ob dir egal wäre, was andere denken, findest du oft heraus, dass es wirklich egal ist, was andere denken. Das kann ein sehr befreiendes Gefühl sein. Du darfst dich nur nicht dazu zwingen. Sonst verstärkst du deine Angst, nicht zu passen.

Unterstützen, nicht seine Probleme lösen

Nachdem du deinen Sohn aus der Kita abgeholt hast, sitzt ihr zusammen im Auto und du stellst die klassische Frage: „Und ... wie war's heute in der Kita?" Die klassische Antwort darauf lässt nicht lange auf sich warten: „Gut." Du hättest natürlich gern mehr Worte und Informationen gehabt. „Gut" ist ein bisschen wenig. Da das „Gut" eher mürrisch und etwas sauer rüberkam, hörst du mehr raus und als du nachfragst, kommt tatsächlich mehr. Dein Sohn erzählt, was wirklich am Vormittag lief. Und das war eigentlich gar nicht „gut".

Dein Sohn wurde erst ignoriert, als die anderen Kinder etwas gespielt haben. Dann hat ein anderer Junge gesagt, dass er nicht wolle, dass dein Sohn mitspiele. Dein Sohn war traurig und hat sich ausgeschlossen gefühlt. Er hat sich zurückgezogen.

Du findest es total unfair, wie dein Sohn behandelt wurde. Natürlich muss nicht jeder mit jedem spielen. Aber andere Kinder auszuschließen, geht gar nicht. Am liebsten würdest du den anderen Kindern das sagen. Du würdest auch gerne mit den Kita-Fachkräften reden und sie bitten, auf so was zu achten. Eigentlich würdest du am liebsten mit in die Kita gehen, um deinen Sohn vor so was zu schützen. Du weißt natürlich, dass das nicht geht und auch nicht das Problem löst. Aber was dann? Was kannst du in dieser Situation machen?

Was passiert hier?

Seien wir mal ehrlich: Auch wenn du und ich das nicht richtig finden, so was passiert in jeder Gruppe und ist sogar völlig normal. Es ist normal, wenn ein Kind einem anderen sagt, dass es nicht mit ihm spielen möchte. Es ist auch normal, wenn ein Kind einem anderen sagt, dass es in dieser Gruppe nicht mitspielen soll, auch wenn wir das nicht schön finden. Das gehört zum sozialen Miteinander dazu.

Was in deinem Kopf abläuft, ist hier das eigentliche Thema. Du fühlst dich machtlos, weil du nicht weißt, was du deinem Sohn jetzt sagen kannst, um das Problem zu lösen. Du weißt manchmal einfach nicht, was du ihm raten sollst. Manchmal weißt du auch ganz genau, was er jetzt machen könnte, um das Problem zu lösen, aber du kannst es ihm nicht verständlich erklären.

Du erlebst einen Kontrollverlust. Du fühlst dich machtlos. Und plötzlich wird es zu deiner Priorität, dass dieses Gefühl der Machtlosigkeit verschwindet. Das hilft nur deinem Sohn nicht. Ich gebe dir drei Tipps an die Hand, die ihm und dir wirklich helfen.

Tipp 1: Deine Machtlosigkeit sehen und aushalten

Als erstes solltest du einen kleinen Gefühlscheck bei dir machen: Was fühlst du, wenn dein Sohn dir erzählt, wie wütend und verzweifelt er ist? Was würdest du jetzt am liebsten tun, egal wie unrealistisch es wäre? Wenn du dich machtlos fühlst, was würdest du tun, um dieses Gefühl verschwinden zu lassen? Würde das wirklich helfen? Versuchst du gerade, dein Gefühl über Logik aufzulösen? Das geht in den meisten Fällen nicht, da sich dein Gefühl ja auf der Gefühlsebene befindet und kein logisches Problem ist. Deine Machtlosigkeit wirst du nicht bekämpfen, weil du in diesem Moment genau das bist: machtlos. Und das ist okay. Das bedeutet nicht, dass du nichts ändern kannst. Du kannst das Problem nicht lösen, aber du kannst deinem Sohn dabei helfen. Wichtig ist aber, dass du die Situation genau so wahrnimmst. Sonst bist du am Ende enttäuscht, egal wie die Sache ausgeht.

Tipp 2: Seine Machtlosigkeit sehen und aushalten

Nachdem du deine Machtlosigkeit erkannt hast, ist jetzt seine Machtlosigkeit dran. Denn auch er ist, bis zu einem gewissen Punkt, machtlos. Wenn du damit Probleme hast, wird das den Druck auf ihn erhöhen und das wird ihn nicht unterstützen. Die Situation heute Vormittag in der Kita ist schon passiert. Nichts wird das ungeschehen machen. Aber je nachdem, wie du deinen Sohn unterstützt, wird er zukünftige Situationen dieser Art besser meistern. Dafür ist jedoch wichtig, dass du ihm nicht gleich Lösungen anbietest, wenn er innerlich noch mit der Situation kämpft.

Versuche, erst seinen Schmerz zu sehen und ihm Kraft zu geben. Wenn du ihm zeigst, dass es eine große Leistung ist, so eine gemeine Situation auszuhalten, fühlt er sich nicht mehr so klein und schwach. Dafür kannst du ihm auch von Situationen erzählen, in denen du ausgeschlossen wurdest, vielleicht von Arbeitskollegen. Zeige ihm, dass es auch für dich nicht einfach ist. Danach kommt der Moment, wo du ihm erzählen kannst, wie du aus dieser Situation rausgekommen bist und das Problem gelöst hast. Wichtig dafür: Tritt ein bisschen auf die Bremse und nimm die Spannung raus. Für so ein Gespräch brauchst du Zeit und ab und zu ein paar Sekunden Pause, in denen er im Gespräch hinterherkommen kann. Im Idealfall geht er sogar voraus und du deckst seinen Rücken. Dafür brauchst du aber die richtigen Fragen. Und die gebe ich dir in Tipp 3.

Tipp 3: Die richtigen Fragen zur Lösung stellen

Denke im Gespräch daran, nicht zu sehr die Führung zu übernehmen. Solange er das Gespräch vorantreibt, unterstütze ihn dabei und versuche, ihm neue Sichtweisen anzubieten, nicht zu befehlen.

MACHTLOSIGKEIT ÜBERWINDEN – DAS KANNST DU DEINEN SOHN FRAGEN

„Was ist passiert?"

„Wann ist das passiert?"

„Oh ... Und wie hast du dich dabei gefühlt?"

„Das war bestimmt richtig blöd, oder?" (Pause)

„Und was hast du dann gemacht?"

„Hat das weitergeholfen?"

„Was hättest du am liebsten gemacht?"

„Warst du da sehr sauer? Warst du enttäuscht?" „Warst du böse auf den oder die anderen?"

„Das ist bestimmt ganz schön schwer, diese schlechten Gefühle auszuhalten, oder?"

„Hast du eine Idee, was wir machen können, damit es besser wird?

„Was brauchst du jetzt?"

„So eine Situation hatte ich auch mal. Die fand ich richtig blöd. Soll ich dir das erzählen?"

„Was wäre denn, wenn du das oder das machst? Meinst du, dann wäre es besser?"

„Willst du das mal ausprobieren und mir davon erzählen, ob es geklappt hat?"

„Du machst das echt toll. Ich finde es super, wie du so was aushältst und jetzt sogar lösen möchtest."

UNTERSTÜTZEN UND GRENZEN SETZEN – DU DARFST BEIDES GLEICHZEITIG

Ob in Gesprächen, aus Erzählungen oder aus den Medien: Du hast bestimmt schon mitbekommen, dass frühere Generationen Erziehung anders gelebt haben. Da war nicht alles schlecht, aber es gab sehr vieles, was du und ich heute auf keinen Fall mehr so machen würden wie die Generation unserer Großeltern: Dieser teilweise extreme Druck, die Gewalt und Kontrolle waren alles andere als gut für die Entwicklung der Kinder. Heute zeigt sich uns ein neues Phänomen, welches du bestimmt auch schon erlebt hast: Viele Eltern setzen ihren Kindern keine Grenzen mehr. So wachsen viele ohne Halt und Orientierung auf. Aus den besten Absichten besprechen Eltern Dinge mit ihren Kindern, die sie teilweise noch gar nicht verstehen oder beziehen sie in Entscheidungen mit ein, deren Auswirkungen sie gar nicht überblicken können. Dabei fällt es vielen Eltern schwer, ihren Kindern auch mal ein klares Nein zu geben. Regeln werden unnötigerweise aufgeweicht und Konsequenzen nicht mehr umgesetzt. Gründe dafür sind oft, dass sie die Bindung und Beziehung zu ihren Kindern nicht angreifen wollen oder ihnen so viel ermöglichen möchten, wie es nur geht. Da einen guten Weg zu finden, ist für viele nicht ganz einfach. Vielleicht geht es dir auch so, dass du es schwer findest, dich durch diesen ganzen Dschungel an Möglichkeiten durchzukämpfen.

Viele Eltern lösen das Ganze, indem sie versuchen, einen Mittelweg zu gehen, sprich: ein bisschen konsequent, ein bisschen nachgiebig, ein bisschen unterstützen und ein bisschen Grenzen setzen. Und genau das wird es dann oft: nichts Halbes und nichts Ganzes. Meiner Meinung ist so ein „fauler" Kompromiss nicht die Lösung. Bevor ich dir aber meine Lösung anbiete, lass uns mal genauer gucken, worum es geht. Meiner Erfahrung nach resultiert das Problem ganz oft aus Unsicherheiten in vier Bereichen, die die Grundlage von Erziehung darstellen:

Ich sehe dich! – In die Verbindung gehen

Dieser Punkt wird dir wahrscheinlich sehr, sehr leichtfallen. Natürlich siehst du nicht die ganze Welt deines Kindes und manchmal kannst du Entscheidungen oder Handlungen deines Kindes nicht nachvollziehen. Wenn du aber diesen Ratgeber liest, dann hast du ein Interesse an deinem Kind und damit ist der wichtigste Schritt getan: dein Kind zu sehen. Die Verbindung ist da und du kannst dich wahrscheinlich auch mit vielem im Leben deines Kindes identifizieren.

Unterstützen

Auch das unterstelle ich dir mal ganz frech: Du bist an einer guten Entwicklung deines Kindes interessiert. Du möchtest es unterstützen.

Klares Nein zum Verhalten

Dein Kind tut etwas, was du für falsch hältst. Du kommunizierst ein klares Nein und zeigst damit, dass du das nicht möchtest. Ganz simpel. Hier ist aber wichtig, dass wir präzise bleiben. Das Nein gilt nämlich nicht deinem Kind, sondern dem Verhalten deines Kindes. Das ist ein ganz wichtiger Punkt. Sonst würdest du deinem Kind rüberbringen, dass es falsch ist. Das willst du auf keinen Fall, durchaus aber ein Nein zu dem, was dein Kind gemacht oder nicht gemacht hat.

Regeln & Konsequenzen

Für euer gemeinsames Zusammenleben sind Regeln unbedingt wichtig. Du und dein Sohn wisst, wie ihr euch verhalten müsst, damit es euch gut geht. Diese Regeln könnt ihr immer wieder verändern und neu diskutieren. Erst mal stehen sie aber fest und sollten auch für euch beide klar sein. Wenn Regeln gebrochen werden, von dir oder deinem Kind, dann hat das Konsequenzen. Wenn jemand etwas kaputt macht, dann sorgt er dafür, dass es wieder repariert wird. Wenn jemand jemanden beleidigt, dann zeigt er ihm, dass es ihm leidtut.

Sicherlich erkennst du die vier Bereiche wieder. Das Sonderbare in unserer heutigen Zeit ist, dass viele Eltern denken, wenn sie einen Bereich besonders hervorheben, dann würde dafür ein anderer Bereich zurücktreten. Wenn sie also Konsequenzen und Regeln durchsetzen, würden sie die Verbindung schwächen. Oder wenn sie dem Verhalten ihres Kindes ein Nein geben, dann schwächen sie damit die Beziehung. Dabei können Eltern diese vier Dinge alle gleichzeitig und alle zu hundert Prozent machen und leben. Gucken wir uns das an Beispielen an.

GRENZEN SETZEN UND BINDUNG FESTIGEN – DAS KANNST DU DEINEM SOHN SAGEN

Dein Kind nimmt einem anderen Kind etwas weg

- **Klares Nein zum Verhalten**
  „Das darfst du nicht machen. Das gehört dir nicht."
- **Ich sehe dich! – In die Verbindung gehen**
  „Ich verstehe, dass du die Schaufel gerne hättest.
  Die hätte ich auch gerne."

- **Unterstützen**
  „Was wolltest du mit der Schaufel? Können wir das, was du wolltest, auch ohne die Schaufel erreichen?"
- **Regeln & Konsequenzen**
  „Du musst die Schaufel zurückgeben und dem anderen Kind sagen, dass du ihm die Schaufel nicht mehr wegnimmst."

Dein Kind macht eine Blumenvase kaputt

- **Klares Nein zum Verhalten**
  „Nein, du kannst nicht einfach etwas kaputt machen, was dir nicht gehört."
- **Ich sehe dich! – In die Verbindung gehen**
  „Ich verstehe, dass du wütend warst. Ich würde mich auch blöd fühlen."
- **Unterstützen**
  „Was können wir machen, damit du, wenn du wieder wütend bist, nichts kaputt machst?"
- **Regeln & Konsequenzen**
  „Wir holen gemeinsam Besen und Schaufel und machen die Scherben weg." (Natürlich nicht, wenn sich dein Kind an den Scherben verletzen kann.)

Dein Kind beleidigt dich

- **Klares Nein zum Verhalten**
  „Nein, ich möchte nicht von dir beleidigt werden."
- **Ich sehe dich! – In die Verbindung gehen**
  „Ich sehe, dass du sauer bist. Aber das ist kein Grund, mich zu beleidigen."
- **Unterstützen**
  „Sag mir, warum du sauer bist, und wir finden eine gemeinsame Lösung."
- **Regeln & Konsequenzen**
  „In unserer Familie wird sich nicht gegenseitig beleidigt. Nimm bitte die Beleidigung zurück."

Natürlich sind das hypothetische Situationen mit hypothetischen Antworten. Es geht auch nicht darum, dass diese Sätze immer genau so funktionieren. Ich zeige dir damit, wie es konkret aussehen könnte, Grenzen zu setzen UND die Bindung zu deinem Kind zu stärken.

Du siehst, du musst nicht in einem Bereich zurückstecken, um dem anderen Bereich mehr Gewicht zu geben. Du kannst fast immer alle vier Aspekte – Bindung, Unterstützung, Grenzen durch ein „Nein" zum Verhalten und Regeln & Konsequenzen – gleichzeitig berücksichtigen.

Bei der Umsetzung sei gütig mit dir. Das muss nicht sofort und immer klappen. Lass dir Zeit, probiere dich ein wenig aus und sei okay mit dir, wenn du Fehler machst. Du wirst sehen, dass du irgendwann den Dreh raushast.

„ICH SEHE DICH!" – MEIN KOMPASS

Wenn du mich fragen würdest, was mein wichtigster Leitsatz in der Arbeit mit Kindern, aber auch in der Erziehung meiner eigenen Kinder ist, dann ist es wohl: „Ich sehe dich!"

AN DAS KIND MIR GEGENÜBER: „ICH SEHE DICH!" IST …

… mein Beziehungsangebot an dich, randvoll mit Interesse und Lust auf eine Verbindung mit dir.

… mich für deine Helden, Heldinnen und Monster zu interessieren, auch wenn es nicht mein Ding ist.

… mit dir zu streiten und Emotionen auszutauschen, weil du mir wichtig bist.

… Nein zu deinem Verhalten zu sagen und dir gleichzeitig ein Ja zu deiner Person zu geben.

… mich selbst zu sehen, während ich dich sehe.

Es bedeutet, den Menschen mit all seinen Wünschen, Emotionen, Bedürfnissen, Freuden und Ängsten zu sehen.

Dabei hast du eine Verbindung, die aus einem Wir-Gefühl entsteht. Du fühlst dich als Team, als Einheit und trotzdem seid ihr noch Individuen. Gerade bei deinem eigenen Kind wirst du diese Verbindung stark spüren.

Diese Verbindung kann aber auch mal unterbrochen sein. Häufig aus zwei verschiedenen Gründen. Der eine Grund ist, wenn dein Kind nicht deinen Erwartungen entspricht, wenn es etwas angestellt hat, was gegen deine Werte geht. Dann willst du es manchmal nicht so annehmen, wie es ist. Hier gilt dann der Spruch „Liebe mich, wenn ich es am wenigsten verdient habe“. Lass also die Verbindung bestehen. Du kannst das Verhalten deines Kindes trotzdem ablehnen, nur eben nicht dein Kind. Das ist mein Rat an dich.

Der andere Grund ist, dass du in dem Moment für dich selbst sorgen musst. Vielleicht ist dir gerade alles zu viel, dein Stresspegel ist zu hoch, du musst etwas organisieren und kannst dich nicht auf dein Kind konzentrieren oder du brauchst aus einem anderen Grund gerade Zeit für dich. Das ist vielleicht blöd für dein Kind, aber wichtig für dich. Hier gibt es keine Pauschallösung. Mein Rat ist, dass du damit okay sein kannst, wenn du dich mal für dich entscheidest. Dir muss es in eurer Beziehung auch gut gehen. Sei da nicht zu hart zu dir.

Allen, die als pädagogische Fachkraft in Kita, Schule und Co. mit Kindern arbeiten, gebe ich den Rat, diesen Kompass immer wieder zu prüfen. Besonders in herausfordernden Situationen oder bei Kindern mit herausforderndem Verhalten muss immer ein „Ich sehe dich!“ von euch im Raum stehen. Ist das nicht der Fall, dann ist das völlig okay. In dem Fall müsst ihr allerdings sofort an eine Kollegin oder einen Kollegen abgeben, da ihr jetzt in der Regel außerhalb des pädagogischen Bereichs arbeitet.

Ich danke allen Eltern und Fachkräften, die diesen Kompass in sich tragen.

INSPIRATION FÜR DICH

Hier gebe ich dir Tipps für Podcasts und Bücher zu den Themen Erziehung und Kita. Viele meiner Empfehlungen richten sich an Fachkräfte – aber auch als Mama oder Papa erhältst du darin hilfreiche Anregungen für den Alltag mit deinem Sohn, für die Kita-Zeit, aber auch darüber hinaus.

Podcasts

Cantzler, Anja: „KitaTalk"

Deuretzbacher, Kiran: „Wurzeln & Flügel"

Ebenhöh, Andreas: „Ich bin dann mal ehrlich! By #Kitahelden"

Fiebelkorn, Dirk u. Eichert, Jens: „Praktisch Pädagogisch"

Finger, Fea: Podcast „Fea's naive Welt"

Hohmann, Kathrin: „Kindheit erleben"

Kirsch, Raphael: „Ich Eskalier Gleich"

Nienerza, Florian u. Pietsch, Robert/Stylerwack: „Poesiekinderkoffer"

Wedewardt, Lea: „Der Kita Podcast für bedürfnisorientierte Pädagogik"

Zeitler, Matthias: „Schule Backstage!"

Bücher

Hohmann, Kathrin: Augenhöhe statt Strafen: Beziehungsstark in Kita, Krippe und Kindertagespflege. Verlag Herder 2022

Hohmann, Kathrin: Gemeinsam durch die Wut: Wie ein achtsamer Umgang mit kindlichen Aggressionen die Beziehung stärkt. Edition claus 2021

Hummel, Inke: Nicht zu streng, nicht zu eng. humboldt 2022

Hummel, Inke: Miteinander durch die Grundschulzeit. humboldt 2023

Hummel, Inke: Mit allen Sinnen wachsen. humboldt 2023

Cantzler, Anja: Schätze finden statt Fehler suchen. Verlag Herder 2023

Lutz, Leonie u. Osthoff, Anika: Begleiten statt verbieten. (mit Interview mit Dirk Fiebelkorn) Kösel 2022

Sasse, Hergen: Konflikte lösen. Schwierige Situationen im Kita-Alltag meistern. Verlag Herder 2023

Schröder, Herr: Instagrammatik: Das streamende Klassenzimmer. Ullstein Taschenbuch 2021

Schröder, Herr: World of Lehrkraft: Ein Pädagoge packt aus. Ullstein Taschenbuch 2019

Wedewardt, Lea: Wörterzauber statt Sprachgewalt. Verlag Herder 2022

Wedewardt, Lea: Kinder achtsam und bedürfnisorientiert begleiten. Verlag Herder 2021

DANKE

Ich danke dem gesamten Team des humboldt-Verlages. Mark Wachsmann, ich könnte mich stundenlang mit dir austauschen (haben wir ja auch gemacht). Danke, dass du mich wieder zum Schreiben gebracht hast. Vielen Dank auch an Friederike Krickel für die Geduld und Unterstützung beim Lektorat.
Mein ganz besonderer Dank geht an meine Frau. Danke für deine Unterstützung und dass du mir den Rücken freigehalten hast. Danke an meine Tochter und meinen Sohn. Ohne euch hätte ich nie die Vaterperspektive einbringen können.
Vielen Dank für den inspirierenden Austausch an Jens Eichert, Raphael Kirsch, Matthias Zeitler, Hergen Sasse, Kitaheld Andreas Ebenhöh, meinen Vater und meine Mutter.
Vielen Dank auch an all die Eltern und Fachkräfte, die mich als Coach und jetzt auch als Autor geformt haben. Durch euch habe ich immer mein Ziel fokussiert: Den (pädagogischen) Alltag besser machen!
Danke an alle, dass ich das machen darf, was ich so liebe: mit Menschen in Beziehung gehen.
Zum Schluss, aber nicht zuletzt, möchte ich mich bei dir bedanken, dass du mich durch das Lesen dieses Buches unterstützt.
Ich sehe dich!

Dirk Fiebelkorn
www.dirkfiebelkorn.com
anfragen@dirkfiebelkorn.com
Instagram: @dirk_fiebelkorn
YouTube: @DirkFiebelkorn
Podcast „Praktisch Pädagogisch“ (auf allen gängigen Streaming-Plattformen)
Musik: Dirk Fiebelkorn (auf allen gängigen Streaming-Plattformen)

Empfehlen und gewinnen!

Hat dir dieses Buch gefallen?

Dann empfiehl es bitte weiter und schreib eine aussagekräftige Bewertung in einem Buch-Shop deiner Wahl, auf deinem Blog oder in den Sozialen Medien. Aus der Bewertung sollte hervorgehen, was dir an dem Buch gefallen hat und für wen es besonders geeignet ist.

Als Dankeschön verlosen wir jeden Monat unter allen, die mitmachen, fünf humboldt-Ratgeber – mit etwas Glück bist auch du mit deinem Wunschtitel dabei.

Um an der Verlosung teilzunehmen, schick uns einfach den Link zu deiner Buchbewertung sowie deinen Wunschtitel aus unserem Programm an: presse@humboldt.de.

Bibliografische Information der Deutschen Nationalbibliothek
Die Deutsche Nationalbibliothek verzeichnet diese Publikation in der deutschen Nationalbibliografie; detaillierte bibliografische Daten sind im Internet über https://dnb.de abrufbar.

ISBN 978-3-8426-1723-0 (Print)
ISBN 978-3-8426-1724-7 (PDF)
ISBN 978-3-8426-1725-4 (EPUB)

Abbildungen:
Glühbirnenmuster: stock.adobe.com/oksanaoo
Sonne S. 23, Igel S. 57, Auto S. 105, Figur S. 141: bubushonok

Originalausgabe

Die Ratgebermarke der Schlütersche Fachmedien GmbH
Hans-Böckler-Allee 7, 30173 Hannover
www.humboldt.de
www.schluetersche.de

Lektorat: Friederike Krickel, Köln
Korrektorat: Miriam Buchmann, Hannover
Covergestaltung: ZERO, München
Covermotiv: gettyimages/Westend61
Satz: PER MEDIEN & MARKETING GmbH, Braunschweig
Druck: gutenberg beuys feindruckerei GmbH, Langenhagen